U0114381

簡明訓詁學 (增訂本)

白兆麟 著

臺灣學生書局印行

INTERNATIONAL BIOGRAPHICAL CENTRE

Cambridge CB2 3QP England

Director General: Ernest Kay,

Telephone: (0353) 721091

Fax: 0353, 721291

Mr Zhaolin Bai
Chinese Language And Literature
Department Of Anhui University
Hefei
Anhui
P.R.China 230039

Ref:MEN16/MOY

19th February 1993

Dear Mr Bai

YOUR PERSONAL NOMINATION TO INTERNATIONAL MAN OF THE YEAR

I am pleased to acknowledge receipt of your biographical questionnaire concerning the Sixteenth Edition of **MEN OF ACHIEVEMENT** and I thank you for taking time to complete this in detail.

Our editors have studied your biography very carefully and were impressed at your career history and achievements. Such was the impression you made, that they unanimously decided to nominate you as an International Man of the Year for 1992/93.

Only a handful of individuals in each state or country are chosen for this honour - you should be proud of your selection.

To celebrate this honour we can produce for you, at nominal cost, a Certificate of Proclamation which may be laminated onto a wooden base for everlasting protection. Imagine, this fine Certificate adorning your office wall for friends and colleagues to admire.

Further details are enclosed together with a Reservation Form for your convenience.

Many congratulations on your nomination for International Man of the Year 1992/93.

Sincerely

TRACY ATKINSON (Miss)
Head of Customer Relations

International Biographical Centre is an imprint of Melrose Press Ltd. whose offices are at 3 Regal Lane, Sonam, Ely, Cambridgeshire, England. Registered in England number 965274. The Company is an Active Member of the American Chamber of Commerce (UK)

英國國際傳記中心致本書著者函譯文

　　白兆麟先生：恭禧你當選今年國際人物獎。

　　我很高興收到你化費時間詳細填寫有關成就人物的履歷表。編輯們曾詳加研閱，認為你事業成就輝煌。因此，他們決定一致推選你為一九九二～九三年國際人物。

　　每一國家祇有少數人獲此殊榮——你能當選，值得驕傲。

　　為慶賀此項榮譽，將頒授給你一個木製獎牌，作為永久證書，以供置於案頭，為親友讚賞。

　　特此祝賀你當選為一九九二～九三年國際人物獎。

公關主任艾肯遜簽字

一九九三年二月十九日

增訂本綴言

　　吾友仲寶吳璵教授，一日出安徽大學中文系教授白兆麟先生新著《簡明訓詁學》增訂稿本相示，並語余日：白君乃佛千先生甥婿，其增訂本即將刊行，原擬懇先師瑞安林景伊（尹）先生賜撰一評介文字。奈先師棄世，於今八載，先師之言，既不可求；白君之願，亦不可乖。仲寶因囑余日，儜勉一試何如！

　　嗚呼！余從先師受業，廿有七載，稟承欲達詁訓，先明聲韻之理。故二十餘年來，孜孜汲汲者，皆在於聲韻之探研；雖亦於上庠，勉任訓詁教學，然深感訓詁之博大精深，非余淺識，得窺藩籬也。蓋非嫻習經史，則不能索其源；非詳審音韻，則不能究其變；非明辨字形，則不能推其本；非精通語法，則不能切其義；非熟諳詞彙，則不能尋其緒。故雖戰戰兢兢，臨深履薄，除墨守師說外，實無絲毫贊益於斯學也。

　　今觀白君之著，於訓詁之意義與性質，任務與發展，內容與方法，體式與運用各端，皆能綱舉目張，引據詳贍，論述精當。而於檢閱古籍所生之障礙，則又條分縷析，例證確鑿，非博考載籍，曷克臻此。論及訓詁專著，於《爾雅》《方言》《說文》《釋名》諸書，皆能釋其名義，詳其編旨，明其內容，擷其條例，論其得失，考其傳承。是若非詳究原書，尋其脈絡，何能提要鈎玄，得其驪珠。言及經籍舊注，則自《詩詁訓傳》以降，擇要敘述，雖或因襲舊說，亦有獨得之見。若夫論訓詁之夙弊及考義之新法，則又推陳出新，論述蓁當。卒言基本原則，節目鱗次，用語統一，鱗次則井然有序，統一則言之有物。書為增訂，較之舊本，文增四章，益見周密，詞言整齊，刪汰繁富。而尤可貴者，學承章黃之緒，而不囿其藩籬；能掩諸家之長，而又不失其正。書中亦採先師之說，啜漓揚波，昌明其學，讀後感佩無既。豈以淺識，敢妄評介，捫燭扣盤，無當宏旨，故曰綴言云爾。

中華民國八十年元月二日西曆一九九一年夏曆庚午十一月十七日國立台灣師範大學國文系所教授

陳新雄　綴於台北市和平東路鍥不舍齋

序

（南京師大中文系教授）**徐　復**

　　安徽大學有師曰白君兆麟，勤治訓詁，卓然有所樹立。余讀其近著《簡明訓詁學》，博采眾家之說，而以簡易出之，勇於探索，益以新知，條理粲明，論證致詳，可以覘其學識之宏瞻矣。君承師學，實事求是，不拘泥於舊說，故多創新之辭。凡所闡述，縝密嚴栗，無復賸義，讀君書者，自當知之也。

　　余讀乾嘉諸老書，知訓詁之旨，本於聲音。王念孫《讀書雜志》釋《管子·小匡》：「無奪民時，則百姓富；犧牲不勞，則牛馬育。」謂「勞讀爲撈，《方言》：『撈，取也。』古無撈字，借勞爲之。《齊語》作『犧牲不略，則牛羊遂。』韋注曰：『略，奪也。』略與勞一聲之轉，皆謂奪取也。」王引之《經義述聞》釋《詩·小雅·賓之初筵》：「既醉而出，並受其福」，謂「其字指醉出之賓，並之言普也，遍也。謂眾賓與主人普受此賓之福也。古音並、普相近，《井·九三》：『王明，並受其福。』《立政》：『以並受此丕丕基。』謂武王普受此大業也。」王氏父子以略說勞，以普釋並，讀之怡然理順，是訓詁有待於聲音明矣。又郝懿行《荀子補注》釋《正論》：「居則設張容負依而坐」，謂"張與帳同，古以張爲帳；容則《爾雅》'容謂之防'。張、容二物，與依而爲三。"楊倞注謂"居則設張其容儀，負依而坐也。"是以張爲動詞，設張其容儀，爲不洽於詞義矣。舉此三例，以裨益君書，不更易於索解乎？

　　近人於訓詁亦有發展，文字聲音而外，更多以語法現象說之。余友洪誠先生謂王引之不明上古語法，其釋《左傳·昭公十九年》："其一二父兄懼隊宗主，私族於謀而立長親，"謂"私族於謀而立長親者，私謀於族而立長親也。倒言之，則曰私族於謀矣。"（見《經義述聞》卷十九）馬建忠《文通》說以語法，意謂"私"字是定語，不是狀語，此句順說當是"謀於私族"，不爲"私謀於族"。其說可謂當於理矣。余謂古人注書，亦有以語法闡明詞句者，特當時無術語耳。讀韋昭《國語解》、顏師古《漢書注》，即可得其例證。《國語·晉語二》："父死在堂而求利，人孰仁我？"韋注："人誰以我爲仁。""仁"用爲意動詞。《漢書·李陵傳》："陵字立政曰：少公，歸易耳！"顏注："呼其字。""字"本名詞，用爲動詞，故謂呼其字。又《淮南厲王長傳》"廬江王以邊越，數使使相交。"顏注："邊越者，邊界與越相接。""邊"，名詞用爲動詞，顏說爲不可移矣。今語法之學盛行，以之施於訓詁，當收事半功倍之效。讀白君書者，觀其專節論此，當有會心也。

　　古書刊印訛誤，須加校正，亦治訓詁者所有事也。王念孫《讀書雜志》校《淮南子·詮言》云："分而爲萬物，莫能及宗"，高誘注："謂及己之性宗"，謂"及皆當爲反，字之誤也。宗者本也，言莫能反其本也。下文云：'能反其所生'，即反宗之謂。

故高注云：'反己之性宗也。'《說山篇》云：'吾將反吾宗矣'。高注云：'宗，本也。'是其證。"清代以校勘名家者，戴震、王念孫而外，有盧文弨、丁杰、顧廣圻、汪遠孫各家，其著書皆有益訓詁，自不可廢。余校注章先生《訄書》，至《別錄乙》述魏裔介、湯斌、李光地云："裔介恃齊給，而斌詐諼飾儉，至於光地外淫，何宋、明諸儒行誼之修，而今若是沽薄也！"按沽字雖有粗略之訓，而沽薄未有連用者，詳審文義，知爲"沾薄"形近之誤。《漢書‧竇嬰傳》："魏其，沾沾自喜耳，多易。"顏師古注："沾沾，輕薄也，或音他兼反，今俗言薄沾沾。"《廣雅‧釋詁一》："沾，裨也。"裨與薄通。沾薄之說，當本於此。《訄書》日本翔鸞社印本多誤字，所當更正矣。亦有書中本無誤字，改之反爲累者。《漢書‧賈誼傳》："病非徒瘇也，又苦跂盭。"顏師古注："跂，古蹠字也。音之石反。足下曰蹠，今所呼腳掌是也。言足蹠反盭不可行也。"顏說本不誤，而錢大昕以爲臆說不足據，因謂"跂"當是腓字之訛。《說文》："腓，脛肉，一曰曲脛。讀若達。"王念孫早年著《廣雅疏証》，在《釋言》"腓，胮也"下採用錢大昕說一百餘字。數十年後王氏撰《讀書雜志》，發覺錢說有誤，予以更正，對"跂盭"解釋，仍用顏注，並云："《史記》、《漢書》之字，固有不見於《說文》者，必別指一字以當之，則鑿矣，"觀其身後刊布之《廣雅疏證補正》，則全刪餕說，一時考慮之不周，致一再更正，可爲治訓詁者之大戒矣。本書作者指出舊訓詁之主要弊病六點，切中要害，王氏之取錢大昕說，至今貽誤，亦其一例也。

　　劉熙《釋名》爲聲訓專書，探索語源者取資焉。余嘗就其所釋，廣爲引證，而後知其立說之有據，未可全以穿鑿譏之也。《釋宮室》云：“獄，确也。确實人之情僞也。”按《後漢書·寇榮傳》：“不復質确其過，置於嚴棘之下。”李賢注：“質，正也。确，實也。嚴棘爲獄也。”獄訓爲确，証以《寇榮傳》而義益明。又《釋疾病》云：乳癰曰疕，褚也。氣積褚不通，至腫潰也。”按《太平御覽》卷三百七十一引《通俗文》：“乳病曰妬，丁故切。”疕與妬通。章先生《膏蘭室札記》卷一：“《管子·君臣下》：‘宮中亂曰妬紛。’紛借爲忿。《莊子·達生》云：忿懥之氣’。是忿氣因鬱積而成，妬亦如之。是以乳癰謂之妬。”褚爲積貯，妬由忿氣不通，故鬱積而爲乳病也。又《釋喪制》云：“縣繩曰縊。縊，阨其頸也。”按《漢書·婁敬傳》：“夫與人斗，不搤其亢、拊其背，未能全勝。”顏師古注：“搤與扼同，謂捉持之也。”阨爲阨塞，扼爲捉持，二字語源同矣。

　　段玉裁《說文解字注》屢言後人之勝前，學者譽爲有發展觀點。《說文》“剝”下注云：“《豳風》借剝爲攴，‘八月剝棗’，毛曰：‘剝，擊也’。《音義》云：‘普卜反’。故知剝同攴也。《小正傳》云取，《毛傳》云擊，此後人訓詁必密於前人也。”又《說文》“樔”下注引程瑤田《通藝錄》說，謂“按先後鄭說，直以轂空壺中與衆幅之孔相接，故云壺中當輻菑者也。合二者爲一以釋經，而未知輻孔不通壺中，壺中以受軸，樔以受輻，劃然二事。鄭不若程氏之精确也。”乾隆六十年（公元1795年），段玉裁寓書與劉台拱說：“訓詁之學，都門無有好於王伯申者。”伯申爲王引之字，時方盛年，英才卓特，故段氏以大器目之。余與兆麟同隸中國訓詁學研究會，交相策勵，疑義與析。

余愧無茂堂之賢，而君苕髮穎豎，庶幾伯申，自君之書出，而訓詁學之昌明可期，寧非快事歟？

簡明訓詁學（增訂本）

目　次

導　論　訓詁和訓詁學

　　訓詁學是我國的一門既古老而又年輕的科學。說它古老，是因為這門學問原為我國傳統語言學（舊稱“小學”）的一個組成部分，歷史悠久。秦漢之際出現的我國第一部成系統的詞典《爾雅》，就是這門學問開始建立的標誌。長期以來，這門古老的學問內容比較龐雜，方法比較陳舊，術語比較晦澀，因而被人視為神秘莫測。說它年輕，是因為這門學問直到近代才徹底擺脫古代經典的附屬地位，真正發展成為有自己的理論和專著的獨立的科學。正如大家所知道的，近代學者吸取了先進的語言學理論，總結了歷代尤其清代訓詁研究的成果，提出了一系列科學的訓詁理論和訓詁方法。當代一些學者也努力著書立說，為建立訓詁學的科學體系而做出了有益的貢獻。

　　但是，從三十年代以來發表的訓詁著作和有關論文來看，對於什麼是訓詁學這個問題，眾說不一，分歧較大。這種現象表明，訓詁學的初步建立和對於訓詁學的性質及研究對象的明確認識，其間是有個過程的。

一、“訓”“詁”分用有別

　　“訓詁”又寫作“訓故”。在現存的文獻中，最早把“訓”

“詁”二字連在一起使用的，是秦漢間魯人毛亨的《詩故訓傳》
（通稱《毛詩詁訓傳》）。毛亨釋《詩》，用“故”“訓”“傳”三字並提命名，自然各有涵義。那麼，“詁”“訓”“傳”各是什麼意思呢？歷來說法不一：

> 魏·張揖《雜字》：“詁者，古今之異言也；訓者，謂字有意義也。”（陸德明《爾雅音義·釋詁》）
>
> 唐·孔穎達《毛詩詁訓傳疏》：“傳者，傳通其義也。……詁者，古也，古今異言，通之使人知也；訓者，道也，道物之貌以告人也。”
>
> 清·馬瑞辰《毛詩詁訓傳名義考》：“毛公釋《詩》多古文，其釋《詩》實兼詁、訓、傳三體，故名其書爲故訓傳。嘗即《關雎》一詩言之，如‘窈窕、幽閑也，淑、善，逑、匹也’之類，詁之體也；‘關關、和聲也’之類，訓之體也；若‘夫婦有別則父子親，父子親則君臣敬，君臣敬則朝廷正，朝廷正則王化成’，則傳之體也。”

以上說法雖有分歧，但都是把“詁”“訓”“傳”三者區分開來說明。

同《毛詩故訓傳》有著密切關係的《爾雅》一書，其前三篇各爲《釋詁》《釋言》《釋訓》。“詁、言、訓”三者並提，看來也各有所指。區別在什麼地方，歷來說法也大同而小異：

《爾雅·序篇》云："《釋詁》、《釋言》，通古今
之字，古與今異言也。《釋訓》，言形貌也。"（轉
引孔穎達《毛詩詁訓傳疏》）

清·朱駿聲《說文通訓定聲》："《爾雅》釋詁者，
釋古言也；釋言者，釋方言也；釋訓者，釋雙聲迭韻
連語及單辭、重辭與發聲助語之辭也。"

清·郝懿行《爾雅義疏》認為：《釋詁》"皆舉古言，
釋以今語"；《釋言》"約取常行之字，而以異義釋
之"；《釋訓》"多形容寫貌之詞，故重文、迭字累
載於篇"。

上引三說，對"詁、言、訓"三者有區別這一點，沒有什麼分歧。
但是，區別究竟何在？哪一種說法比較符合實際？我們可以撇開
舊說，而從現代語言學的角度來考察一下《爾雅》。《爾雅》全
書分為十九篇，前三篇都是詮釋一般詞語。《釋詁》共190條，
所釋絕大部分如"初、哉、首、基、卒、徂、落、殂"等是單音
節詞，少數如"權輿、無祿、黃髮、齯齒、鮐背、耆老、休嘉、
睢睢、皇皇、菲菲、穆穆、關關"等是雙音節詞，只有"謔浪笑
傲，戲謔也"這一條，所釋是一句詩（見《邶風·終風》）。
《釋言》共304條，所釋全部是如"殷、齊、彌、終"等的單音
節詞。《釋訓》共122條，前77條所釋全部是如"明明、斤斤、
秩秩"等的迭音詞，占《釋訓》的百分之六十三；其餘所釋，有
聯綿詞，有單音節詞，有偏正式詞組，也有一句詩的。可以說，
《釋訓》所釋基本上是迭音詞和聯綿詞。

這樣看來，《釋言》和《釋詁》屬一類，即孔穎達所謂 “《釋言》則《釋詁》之別” ；而《釋訓》為另一類。 “詁” 指單音節詞； “訓” 指迭音詞和聯綿詞；而《毛詩故訓傳》裡的 “傳” ，如馬瑞辰所舉體例，是指句意或章旨。

二、 “訓” “詁” 合用無異

“訓” “詁” 二字並提分用，如《毛詩故訓傳》和《爾雅》之《釋詁》《釋訓》，確有分別。但是，如果籠統地說來， “訓” “詁” 並無差異。

許慎《說文解字·言部》云： “詁，訓故言也。” （段玉裁注： “訓故言者，說釋故言以教人，是之謂詁。” ）又云： “訓，說教也。” （段注： “說教者，說釋而教之，必順其理” ）在許慎看來， “詁” 是訓釋古言， “訓” 是 “說釋” 。這顯然是把 “詁” 和 “訓” 都看作動詞，都是解釋的意思。

孔穎達云： “詁訓傳者，注解之別名。毛以《爾雅》之作多為釋《詩》，而篇有《釋詁》、《釋訓》，故依《爾雅》訓而為《詩》立傳。” （《毛詩詁訓傳疏》）這是把 “詁、訓、傳” 都看作名詞，都是注解的稱謂。這種直接了當的說法，是很有道理的。

清代的一些著名學者的看法也大都如此：

> 段玉裁《說文解字注》 “詁” 字下云： “《爾雅》析故、言、訓為三，三而實一也。”
> 王筠《說文句讀》 “詁” 下注： “詁訓，句，謂詁訓

同義也。《爾雅》釋詁、釋訓,雖分兩篇,義實同也。"
馬瑞辰《毛詩故訓傳名義考》:"詁訓本爲故言,由
今通古,皆曰詁訓,亦曰訓詁。"

正因爲"詁訓"二字是同義並列,所以能夠倒稱爲"訓詁",
又有"古訓"(《毛傳》)、"故訓"(《漢書·藝文志》)、
"訓故"(《漢書》)、"解詁"(《公羊解詁》)、"解故"(《漢書》)
等別稱,如郝懿行所說,"並字異而義通矣"(《爾雅義疏》)。
不過,流行至今,最通用的還是"訓詁"。

近代學者黃侃對"詁"和"訓"另有一種提法:"詁,故也,
即本來之謂;訓,順也,即引申之謂。"(《訓詁學講詞》,轉
引自黃焯先生《訓詁說叢》)這是說,詁是推求詞的本義,訓是
說明詞的引申義。黃侃是從語源上來說明"詁"和"訓"的不同
涵義;但無論是推求本義還是說明引申義,都屬於解釋詞義的工
作。所以他緊接著又說:"訓詁者,用語言解釋語言之謂"。

三、訓詁是專門學術

訓詁,就是用語言解釋語言的意思。這樣說來,訓詁的範圍
不是極爲廣泛麼?比如我們每天都要讀報、看書,所接觸到的語
言事實,需要解釋的地方就非常之多;甚至面對面地交談,有時
說話人對於聽話人也要加以解釋,才能把話說得明白而確切。這
些解釋是否也屬於訓詁的範圍呢?殷孟倫先生在《略談訓詁學這
門科學的對象和任務》一文中,就堅持這種主張,還批評說:"訓

詁的問題，一般認爲只有對於古代文獻的分析解釋才會存在，這種看法是不全面的。"殷先生的理論根據是："訓詁的產生是和語言的表達分不開的。"（《文史哲》1957年6期）

我們認爲，這種意見值得商榷。如果是討論訓詁的起源問題，殷先生提出的根據無疑是正確的，先秦古籍的許多材料可以證明。但是，訓詁的性質同訓詁的起源是兩個問題，儘管互有聯繫，但畢意不能混淆。這就如同幾何與生產之間的關係一樣。由於科學的發展，有些詞兒既有一般的涵義，又有特定的涵義，應該嚴格區分開來。說"訓詁"是用語言解釋語言，這是它的一般涵義。而作爲一個專門術語，"訓詁"有其特定的涵義。陸宗達先生在其近著《訓詁簡論》裡指出："以掃除古代文獻中語言文字障礙爲實用目的的一種工具性的專門工作，叫做訓詁。"（1980年版，2頁）這個提法，不僅符合我國訓詁發展史的事實，而且揭示了訓詁作爲一門學術的本質特性。這門學術發展到今天，學術界不採用更爲通俗的"解釋""注釋""注疏"等名稱，而仍然沿用這個一般人感到生疏的傳統的慣用語來命名，就是因爲"訓詁"這個詞具有歷史賦予它的特定的涵義。

訓詁萌芽於東周，盛行於兩漢。無論是按照一定法則使訓詁材料系統化的《爾雅》《方言》和《說文解字》，還是毛亨對《詩經》所作的系統解釋的《毛詩故訓傳》，它們的出現，都不是由於"語言表達"的需要。

訓詁是在古代文獻的範圍內，爲克服文字障礙、解決語言矛盾而獨立存在的專門性的學術工作。

四、訓詁學是研究文獻解釋的科學

關於什麼是訓詁學，也有各種各樣的議論。

近人胡樸安說過："訓詁學是書本子上的考古學。"（《中國訓詁學史·自序》，1939年）這近乎是個比喻的說法，不是科學的定義，因爲它不能揭示訓詁學的性質，也不能表明訓詁學研究的對象和範圍。訓詁學雖然與考古學有關，却並不單用考證的方法。

何仲英則提出："訓詁是關係字義方面的一種專門學術"，"訓詁學也是文字學的一個重要部分。"（《訓詁學引論》，1934）最近，台北林尹先生在其《訓詁學概要》中仍持此種說法。這是因襲前人的觀點，混淆了文字和語言的界限。南宋王應麟在其《玉海》裡說："文字之學有三：其一體制，謂點畫有縱橫曲直之殊，《說文》之類；其二訓詁，謂稱謂有古今雅俗之異，《爾雅》、《方言》之類；其三音韻，謂呼吸有清濁高下之不同，沈約《四聲譜》及西域反切之學。"在當時那樣的歷史條件下，傳統"小學"（即王氏所謂"文字之學"）熔文字、音韻、訓詁於一爐，渾然不分，這不足爲怪。但是，隨著傳統"小學"的發展，清末以至近代，訓詁已經獨立成爲一門科學，還說什麼"訓詁學也是文字學的一個重要部分"，那就令人生疑了。語言是音和義的結合體，而文字是記錄語言的符號。文字同語言雖然有聯繫，但文字對語言來說，是外在的因素。用漢字記寫的古代文獻，是古代的書面語言。這種古代的書面語言才是訓詁學所要分析和研究的對象。也就是說，訓詁學不單是研究"字義"的，它應該是語言學的一個門類。

今人殷孟倫先生認爲："訓詁學是用語言分析語言，解釋語言而正確地理解語言的科學。"（《文史哲》1957年6期）這個說法似乎有些含糊，不僅沒有揭示出訓詁學的性質和研究對象，甚至把訓詁和訓詁學這兩個概念混同起來了。前面說過，訓詁的一般涵義是用語言解釋語言；而作爲一個專門術語，是指掃除古代文獻中語言文字障礙的一種專門性的學術工作。"訓詁學"是一門科學的名稱，自然有其另外的涵義，不是"訓詁"的一般涵義所替代得了的。

周大璞先生最近稱："訓詁學也就是語義學。"（《訓詁學要略》，1980年）這種提法失之片面，不能概括訓詁學的研究內容。王力先生早年曾經說過："語言學也可分爲三個部門：第一是語音之學，第二是語法之學，第三是語義之學。這樣，我們所謂語義學的範圍，大致也和舊說的訓詁學相當。"（《新訓詁學》，1947年）說是"大致相當"，用語極爲謹慎，然而終究不是個嚴密的科學的定義。歷代訓詁家創造了隨文注疏和訓詁專著兩大體式，其內容相當廣泛，正如陸宗達先生所說的，"包括注音、辨字、校勘、釋義。釋義又包括釋詞、釋句、釋篇和發揮闡述思想觀點、點明修辭手法等"。（《訓詁簡論》，6頁）這顯然不是語義學所能夠包括的。不錯，訓詁學偏重於語義的研究，研究的語言單位更偏重於詞。可是，誰也沒有根據這一點把訓詁學說成是詞匯學。

陸宗達先生把訓詁學分成廣義的和狹義的兩類："一個是包

含在古代注釋和訓詁專書中的文獻語言學的總稱"，"另一個則是與文字學、音韻學互相並列的以研究語義爲主要內容的傳統語言文字學的一個獨立的門類"。（同上，10頁）這樣說比前幾種自然要嚴謹得多。不過，這裡有兩個問題：第一，訓詁學已經發展成爲一門獨立的科學，是否還有必要劃分爲"廣義的"和"狹義的"兩類，其間是否眞能劃定一條界線？第二，就狹義的訓詁學來說，把它和文字學、音韻學"鼎足三立"的提法，是否完全擺脫了以文字爲中心的傳統"小學"的束縛而有利於訓詁學的獨立發展？

從歷代文獻的訓詁實踐來看，經學家或者訓詁家總是在不同的程度上，綜合採用他那個時代所已經有的文字、詞匯、音韻、語法、修辭、校勘等各方面的知識和成果，來分析古代文獻的種種具體情況，掃除文字障礙，疏通語言隔閡，以解決"文義不安"的矛盾。隨著時代的進步和學術的發展，科學門類的劃分愈來愈細。研究文字的有文字學，研究音韻的有音韻學，後來又有語法學，修辭學，詞匯學等等。訓詁學不單單是和文字、音韻，而是跟以上所有學科互相並峙而共同屬於漢語語言學的範圍。陸先生在《訓詁簡論》一書裡，是這樣表達他的思想的：

"訓詁學（狹義的）：語言所含的思想內容是它的核心。傳統的訓詁學著重研究詞語的思想內容和感情色彩、詞的意義系統和詞語之間分化派生的關係、詞的產生和發展變化。當語法學和修辭學還沒有獨立出來的時候，這兩個門類的內容，也是包含在訓詁學中的。"

　　我們覺得，這段話可以從兩個方面去加以分析。一方面，這段話的意思是把語言學內部的文字、語音、詞匯、語法、修辭等，除了文字和語音兩部分之外，都包括在"訓詁學（狹義的）"的範圍以內。那麼，當"語法學和修辭學""獨立出來"以後，似乎"訓詁學"和"詞匯學"之間就劃了等號。因爲，"詞語的思想內容和感情色彩、詞的意義系統和詞語之間分化派生的關系、詞的產生和發展變化"不正是後來也獨立出來的"詞匯學"的主要研究內容麼？另一方面，這段話反過來證明，傳統訓詁學正是運用詞匯、語法、修辭以及文字、音韻甚至校勘、版本等有關知識來解決古代文獻的語言文字障礙的綜合性的科學。即使如現在，文字、音韻、語法、修辭、詞匯等相繼發展，自成系統，成爲各個獨立的科學之後，訓詁學仍然沒有失去它獨立存在的意義。這是什麼緣故？這是因爲訓詁學研究的是如何綜合運用語言學各部門的有關知識，來解決古代文獻的語言障礙的問題。它雖然要吸取並運用這些學科的專門知識和研究成果，但是它和這些學科的界限仍是十分清楚的。

　　最後，可以這樣概括我們對於訓詁學的認識：

　　訓詁學是以古代書面語言的訓詁爲研究對象，以語義爲主要研究內容的一門獨立的科學。它的任務，是分析古代書面語言的矛盾障礙，總結前人的注疏經驗，闡明訓詁的體制和義例、方式和方法、原則和運用，以便更好地指導訓詁以及與此相關的古文教學、古籍整理、詞典編纂等工作。顯然，綜合性和實用性是這門學科的兩大特徵。從這個角度來說，訓詁學是漢語語言科學中的應用科學。

　　前面說過，爲了正確地理解古代文獻裡的語言，須以訓詁爲手段，或以此地的語言說明彼地的語言，或以當今的語言說明古代的語言，或以質樸的語言說明經過修飾的語言，或以明暢的語言說明簡約含蓄的語言。清代學者陳澧說過："地遠則有翻譯，時遠則有訓詁，有翻譯則能使別國如鄉鄰，有訓詁則能使古今如旦暮，訓詁之功大矣哉！"（《東塾讀書記》卷十一）

　　訓詁學是研究文獻訓詁的科學，無論是語言學、文學，還是歷史學、考古學以及醫學，都有整理古籍、批判地繼承我國古代文化遺產的任務。爲了發展我們民族的新文化，我們就必須掌握訓詁學這門實用性很強的語言科學。

第一章 訓詁源流述略

　　時有古今，地有南北，人有雅俗，因而造成了語言文字上的隔閡。有了隔閡，就需要疏通，訓詁由此而興起。

　　近代學者劉師培說得很明白："三代以前，以字音表字義，無俟訓詁。然言語之變遷，略有數端。有隨時代而殊者，如《爾雅》：'夏曰歲，商曰祀，周曰年，唐虞曰載'，《孟子》："夏曰校，商曰序，周曰庠'是也。同一事物而歷代之稱各殊，則生於後世，必有不能識古義者，若欲知古言，必須以今語釋古語。同一名義而四方之稱各殊，則生於此地必有不能識彼地之言者，若欲通方言，必須以雅言證方言。且語言既與文字分離，凡通俗之文必與文言之文有別，則書籍所用之文，又必以通俗之文解之。綜斯之故，而訓詁之學以興。"（《中國文學教科書·周代訓詁學釋例》）

　　我國的訓詁源遠流長，就其概況大致可分為以下六個時期。

一、先秦──萌芽時期

　　春秋戰國是訓詁的萌芽時期。從文獻看，最初的訓詁，解釋和被解釋的部分都是正文，文章表達本身即包含有解釋的成分。《國語·周語下》記載春秋時晉人叔向聘於周，"單靖公與之語，說《昊天有成命》。叔向告單子之老"說：

> 《昊天有成命》，頌之盛德也。其詩曰："昊天有成命，
> 二后受之，成王不敢康，夙夜基命宥密。於緝熙，亶厥心，
> 肆其靖之。"是道成王之德也。成王，能明文昭，定武烈
> 者也。夫道成命者而稱昊天，翼其上也。二后受之，讓於
> 德也。成王不敢康，敬百姓也。夙夜，恭也。基，始也。
> 命，信也，宥，寬也。密，寧也。緝，明也。熙，廣也。
> 亶，厚也。肆，固也。靖，和也。（鄭箋：廣當爲光，固當爲故，
> 字之誤也。）其始也，翼上德讓而敬百姓；其中也，恭儉信寬
> 帥歸於寧；其終也，廣厚其心以固和之。始於德讓，中於
> 信寬，終於固和，故曰成。

叔向給《昊天有成命》全詩作了解釋，對後四句還逐字作了注解。
叔向說《周頌》一事在周靈王廿二年，即公元前550年。這段資
料充分說明，東周時訓詁已經產生。

《周禮·地官·保氏》記載保氏教國子以"六藝"，"一曰
五禮，二曰六樂，三曰五射，四曰五馭，五曰六書，六曰九數。"
所謂"六書"，就是指當時漢字的形、音、義；說字義即訓詁工
作。

先秦典籍本文中有釋詞、釋句、釋篇，且有釋全書的。此時
全是文自爲注，多屬解詞。這當是萌芽狀態的訓詁材料。例如：

> 《周易·繫辭》："形而上者謂之道，形而下者謂之器，

化而裁之謂之變，推而行之謂之通，舉而錯之天下之民謂之事業。"

《書·洪範》："五行：一曰水，二曰火，三曰木，四曰金，五曰土。"

《書·堯典》："詩言志，歌永言，聲依咏，律和聲。"

《禮記·曲禮下》："約信曰誓。涖牲曰盟。"

《大戴記·夏小正》："三月，越有小旱。越，于也。記是時恒有小旱。"

《左莊三年》："凡師一宿爲舍，再宿爲信，過信曰次。"

《左莊廿九年》："凡師有鍾鼓曰伐，無曰侵。"

《左文七年》："兵作於內爲亂，於外爲寇。"

《穀梁傳·昭廿年》："輒者何？曰：兩足不能相過，齊謂之綦，楚謂之踂，衛謂之輒。"（《左昭廿年》：孟縶之足不良，能行。）

《穀梁傳·僖四年》："遂伐楚，次于陘遂，繼事也。"

《公羊傳·隱公元年》，"會、及、暨，皆與也。"

"及者何？與也。會，及，暨，皆與也。""其言來何？直來曰來，大歸曰來歸。"（按左傳云：凡諸侯之女歸寧曰來，出曰來歸。穀梁傳隱公二年云：婦人謂嫁曰婦，反曰來婦。）"初者何？始也。"（《公羊傳》隱公元年、莊公二十七年及宣公十五年）

"及，以及，與之也。""又，有繼之辭也。""乃，急辭也，不足乎曰之辭也。"而，緩辭也，足乎曰之辭也。"

（《穀梁傳》襄公二年、成公七年、定公十五年及宣公八年）

《論語·顏淵》："季康子何政于孔子。孔子曰：政者，正也。""樊遲問仁，子曰：'愛人。'問智，子曰：'知人。'"

《墨子·經上》："必，不已也。"

《管子·心術上》："義者，謂各處其宜也。"

《莊子·天地》："物得以生謂之德。"

《荀子·大略》："禮者，人之所履也。"

《荀子·修身》："多聞曰博，少聞曰淺，多見曰閑，少見曰陋。"

《孟子·滕文公上》："《書》曰：'洚水警余，洚水者，洪水也。'"

《孟子·梁惠王下》："其詩曰：'蓄君何尤？'蓄君者，好君也。"

《韓非子·五蠹》"古者蒼頡之作書也，自環者謂之厶，背厶者謂之公。"

《國語·魯語下》："咨才為諏。"《左襄四年》："咨親為詢。"

以上是以正文解釋詞語。此外還有串講文意和說明章旨的。例如：

《大戴記·哀公問於孔子》："冕而親迎，親之也。親之也者，親之也。"

《禮記·射義》："《騶虞》者，樂官備也；……《采蘋》者，

樂循法也；《采蘩》者，樂不失職也。"（上述三詩均見《召南》）

《左莊七年》："星隕如雨，與雨偕也。"

《墨子。尚同下》："'小人見奸巧，乃聞不言也，發罪鈞。此言見淫辟不以告者，其罪亦猶淫辟者也。"

《孟子·公孫丑上》："《詩》云：'迨天之未陰雨，徹彼桑土，綢繆牖戶。今此下民，或敢侮予？'孔子曰：爲此詩者，其知道乎！能治其國家，誰敢侮之？"

《韓非子·五蠹》："鄙諺曰：'長袖善舞，多財善賈。'此言多資之易爲工也。"。

二、兩漢──興起時期

其表現有三：一、確立了兩種訓詁的基本體式，即隨文釋義的傳注和通釋語義的專著，二：訓詁術語的約定俗成與普遍使用；三、湧現了一批訓詁大師及豐富的訓詁著述。

西漢時，由於經濟文化的發展，語言文字的變化比較大，古文、籀書已成爲古董，篆文也逐漸爲隸書所代替，加以去古漸遠，古音古義不爲一般人所能理解。這些情況促進了訓詁的發展，確立了兩種基本的體式，即在隨文釋義的基礎上，出現了通釋語義的專著，西漢時，儒家經典的注釋大批湧現·《漢書，藝文志》裏的記載即反映了這種盛況。儒家以外，給《老子》作注的也不少。這跟當時統治者尊崇儒術、崇尚黃老有着很大的關係。

東漢時，從訓詁的數量來說，比西漢還要多；從訓詁的範圍來說，比西漢更爲擴大，不限於儒家經典和道家的《老子》，還包括《國語》、《戰國策》、《史記》、《漢書》、《呂氏春秋》、《楚辭》之類。對此，錢大昭《補續漢書藝文志》有載錄。

兩漢時出現的通釋語義的訓詁專書有《爾雅》、《方言》、《釋名》和《說文解字》。

《爾雅》十九篇，滙集了春秋戰國以至秦漢間訓詁研究的豐富成果，釋古今之異言，通方俗之殊語，並且分類詮解各種名物，是我國第一部成系統的詞典。它奠定了我國早期訓詁學的基礎。

《方言》十三卷，揚雄所作。不僅是訓詁方面的重要著作，而且是我國方言學的前驅。

《說文解字》十四卷，許慎所作。它對漢字的形、音、義作全面的說解，是我國第一部文字學巨著，也是訓詁方面的重要著作。

《釋名》八卷，劉熙所作。其特點是由音求義，探尋事物命名的由來，開我國語源學之先河。

這個時期的訓詁大師及其著述還有：

毛亨《詩故訓傳》三十卷。

馬融《尚書注》、《論語注》、《老子注》。

鄭玄《毛詩箋》、《三禮注》。

何休《春秋公羊解詁》。

高誘《戰國策注》、《淮南子注》、《呂氏春秋注》。

趙歧《孟子章句》。

王逸《楚辭章句》。

三、魏唐——擴展時期

　　魏晉隋唐，訓詁學有所發展和創新。一方面，訓詁領域更趨擴大，逐漸擺脫經學附庸地位而爲一切古文獻服務，經、史、子、集四部的重要著作乃至佛教經典，都有了注解；另方面，出現了兩種訓詁新形式，即義疏和集解。漢末開始出現一種兼釋經注的訓詁新形式，如鄭玄的《毛詩箋》，以毛傳爲主，既釋經文，又申明毛意。魏晉以後，這種兼釋經注的義疏大量湧現。以上這些著述，《隋書·經籍志》所載甚多。究其原因，主要是前代的傳注文字簡古，文義不明，讀者很難借助它來理解原文，於是注家不得不既注經文，又釋傳注，以便人們學習。此外，這時還出現了許多通釋語義的訓詁新著。

　　這個時期的重要訓詁作者及著述如下：

　　魏·張揖《廣雅》三卷，因係增廣《爾雅》，仍用其舊目，所釋訓詁名物共2343事。

　　陳·顧野王《玉篇》三十一卷，仿《說文》而作，廣引群書訓詁，並爲釋義提供了書證，體例已近似後代字典。

　　唐初·陸德明《經典釋文》三十卷，以考證字音爲主，兼及字義辨釋，所釋群書有易、書、詩、三禮、春秋三傳、孝經、論語、老子、莊子、爾雅等。

　　北齊·顏之推《顏氏家訓》，其中勉學、書證、音辭諸篇有極其寶貴的訓詁材料。

　　魏·王弼、韓康伯《易注》

　　魏·何晏《論語集解》

　　晉·杜預《春秋經傳集解》

　　晉·范寧《春秋穀梁傳集解》

晉·郭象《莊子注》

晉·郭璞《爾雅注》《方言注》《山海經注》

宋·裴駰《史記集解》

宋·裴松之《三國志注》，側重史料補充，搜集史書一百五十餘種。

梁·皇侃《論語義疏》

梁·劉孝標《世說新語注》，以增補史料爲主，徵引古籍近四百種，其中不乏六朝俗語詞。

北魏·酈道元《水經注》，長於寫景，語言精妙。

唐初孔穎達等奉詔撰《五經正義》，共一百八十卷，總結了唐以前的經學成就。

唐·顏師古《漢書注》，徵引注本有二十三家；《匡謬正俗》。

唐·楊倞《荀子注》

唐·張守節《史記正義》

唐·司馬貞《史記索隱》

唐·李賢《後漢書注》

唐·李善《文選注》，徵引古籍達1551種，其中小學書37種，主要是注明典故和詞語出處，爲訓詁學提供了豐富的材料。

唐·玄應《一切經音義》，二十五卷。

唐·慧琳《一切經音義》，共一百卷，徵引資料特別豐富，對研究俗語詞極有價值。

四、宋代——變革時期

　　宋代以後，訓詁有了比較大的變化。這主要表現在兩個方面：一方面，有些理學家如張載、程頤、朱熹、陸九淵等人輕考據，重義理，把訓詁由樸學的手段變成理學的工具。所謂“樸學”即“漢學”，是指漢代經學家重視訓詁、名物考證的踏實的學風；所謂“理學”即“宋學”，指宋代儒學大師大談性理、打破漢唐樸學的求實傳統，利用訓詁來宣揚他們唯心主義的理學。如朱熹的《大學》、《中庸》章句和《論語》、《孟子》集注就是這方面的代表。陸九淵就說過，“學苟知道，‘六經’皆我注腳。”這是公開宣揚用六經來說明自己的理學思想，因而主觀色彩極濃，往往不合六經本意。當然，宋代訓詁家也有其長處。漢代訓詁長於考據，宋代訓詁長於說理。

　　另一方面，宋代慶曆（1041－1048）以後，學術一變，歐陽修、劉敞等發揚孟子“盡信書不如無書”的見解，對古代經傳大膽懷疑，擺脫舊注，創發新義，給後世疑古派以很大啓發，對訓詁有相當影響。

　　此外，宋代訓詁還有三個值得注意的特點：一是對漢字的音義關係有一定的認識，如不子韶（聖美）創“右文說”，主張因聲符求義，給清代訓詁家以很大的啓發；二是對古代文獻的語法有了進一步的理解，如南宋時學者王若虛著《滹南遺老集》，常用語法觀點批評前人詩文的得失；三是利用金石學成就，注疏中開始有徵引彝器銘文以爲佐證，這使訓詁學又向前跨了一步。體例有傳注體、義疏體和章句體，其特點是闡明義理，敢於創新。

　　變革時期的重要作者及著作有：

邢昺《爾雅注疏》、《論語疏》

徐鍇《說文解字繫傳》四十卷，已注意形聲相生、音義相轉之理。

朱熹《四書集注》、《詩集傳》、《楚辭集注》，其注不拘泥於詞句，而能通會大意，簡潔明瞭。

姚宏《戰國策續注》

鮑彪《戰國策新注》

洪興祖《楚辭補注》，對名物訓詁做了詳盡的考證和詮釋。

郭知達《九家集注杜詩》，匯錄了王洙、宋祁等九人的訓釋。

朱熹考辯、王伯大音釋《韓昌黎集》

童宗說注釋、張敦頤音辯、潘緯音義《增廣注釋音辯唐柳先生集》

李壁《王荊公詩箋注》

鄭樵《爾雅注》

王若虛《滹南遺老集》

五、元明——衰微時期

元代崇尚武功，民族矛盾非常尖銳，明代理學禁錮十分嚴重，學風空疏。兩代統治者皆不重視文化事業，因而訓詁學日趨衰落，萎靡不振。值得一提的新著述不多。如：

元·盧以緯《語助》，研究文言虛字用法的最早的專著。

元·胡三省《資治通鑒音注》《資治通鑒釋文辨誤》

　　明·朱謀瑋《駢雅》七卷，歸納雙音節的駢詞、聯綿詞，開創一種詞書形式。

　　明·方以智《通雅》五十二卷，取材廣泛，所釋不限古詞古義，還包括方言俗語，對聯綿詞的考釋時有卓見。

　　明·黃扶孟《字詁》《義府》，聯繫偕聲偏旁說明字義。

　　明·梅膺祚《字匯》，建立檢字法原則的部首和按筆劃編排的方法，是漢語字典學上的創舉。

六、清代——鼎盛時期

　　有清一代，由於擺脫了理學的束縛，恢復了樸學的傳統，傳入了西方的科技文化，加之有古音學奠定基礎，訓詁學又獲振興，成爲我國訓詁學史上的黃金時代。這個時代，我國語言學得到了全面的發展。語音學、文字學和語法學的顯著成就，給訓詁學的發展創造了良好的條件。學者們具有比較科學的思想，掌握了比較科學的方法，不僅爲群書所作的注疏多得無法列舉，而且新出的訓詁專著也遠遠超越前代，其體式也更加完備。

　　清代訓詁家之所以獲得巨大的成績，是因爲社會的發展使他們具有比較科學的思想，掌握了比較科學的方法。具體說來有以下三個方面：一是樸素的歷史觀念，主張研究訓詁必須區別古今，所謂"有古形，有今形；有古音，有今音；有古義，有今義"，所謂"古今者，不定之名也"（《廣雅疏證序》），都說明了這一點；二是一定的求實精神，他們既反對"望文虛造而違古義"，又反對"墨守成訓而鮮會通"，不肯盲從舊說，也不肯妄立新說，為了立說有據而十分重視考據工作；三是採用比較科學的方法，這就是由音求義法和綜合比較法。因此，他們大大地超越了前人。

訓詁專著如：段玉裁《說文解字注》，桂馥《說文解字義證》，王筠《說文釋例》，朱駿聲《說文通訓定聲》，邵晉涵《爾雅正義》，郝懿行《爾雅義疏》，戴震《方言疏證》，錢繹等《方言箋疏》，華沅《釋名疏證》，王念孫《廣雅疏證》，張玉書等《佩文韻府》，阮元《經籍纂詁》，劉淇《助字辨略》，王引之《經傳釋詞》，俞樾《古書疑義舉例》等。

古籍注釋如：惠棟《周易述》，馬瑞辰《毛詩傳箋通釋》，孫星衍《尚書今古文注疏》，閻若璩《古文尚書疏證》，陳奐《詩毛氏傳疏》，洪亮吉《春秋左傳詁》，劉文淇《春秋左傳疏證》，劉寶楠《論語正義》，焦循《孟子正義》，梁玉繩《史記志疑》，郭嵩燾《史記札記》，沈欽韓《漢書疏證》，王先謙《漢書補注》，惠棟《後漢書補注》，王先謙《後漢書集解》，孫詒讓《墨子閒詁》，王先謙《荀子集解》，郭慶藩《莊子集釋》，王先慎《韓非子集解》，孫星衍《晏子春秋音義》，王夫之《楚辭通釋》，戴震《屈原賦注》，蔣驥《山帶閣注楚辭》，朱琦珩《文選集釋》，王琦《李太白詩集注》，仇兆鰲《杜詩詳注》，馬通伯《韓昌黎集校注》，沈欽韓《王荊公文集注》等。

文集筆記如：顧炎武《日知錄》，戴震《戴震集》，錢大昕《十駕齋養新錄》、《潛研堂文集》，王念孫《讀書雜志》，段玉裁《經韻樓集》，俞樾《群經平議》、《諸子平議》，王引之《經義述聞》，孫詒讓《札迻》等。

第二章 古代文獻的一般障礙

　　訓詁是爲掃除古代書面語言的障礙而獨立存在的學術工作。所謂"文義不安"，是舊訓詁家常說的話。什麼是"文義不安"？用今天的話來說，就是古代書面語言存在著種種矛盾，也就是存在著種種的障礙。障礙大體上有兩類，一類屬於專業性質的，一類屬於一般性質的。語言文字方面的障礙即屬於一般性質的障礙。只有了解古代書面語言的一般障礙，閱讀時才予以應有的注意，訓詁時才具有針對性。那麼，古代書面語言存在著哪些一般性質的障礙呢？按照起因，這些障礙大致分爲以下四個方面：

　　一是由時間因素而造成的障礙，如字體的變異（篆文、隸書及所謂古今字），音讀的變化（上古音，中古音，近代音），詞語的生滅（有些舊詞語不再使用，新詞語不斷產生），詞義的演變（古今詞義不同）等。

　　二是由空間因素而造成的障礙，如字體的異寫（即異體字），方言的分歧（古代即有雅言、通語和方言）等。

　　三是由人爲因素而造成的障礙，如訛字、錯簡、衍文、脫文、通假等。

　　四是由漢字、漢語本身的因素造成的障礙，如字和詞之間的矛盾（字同詞異，詞同字異），詞的形式和詞的意義之間的矛盾（因構詞方式無形式標誌而導致歧解），句子形式和句子意義之間的矛盾（句意歧解）等。

下面就其中常見的八種情況，具體地說一說。

一、字形變異

殷周以來，漢字的形體經過多次變化。殷商甲文，西周金文，秦時篆隸，兩漢隸書，其形體多有變異。魏晉以後，楷書通行，字形逐漸整齊劃一；但是時有變更，並且楷化以後仍然保留著古文字在形體上的某些分歧。漢字在長期演變的過程中，出現了所謂古今字、異體字、繁簡字等複雜的歧異現象。這自然給閱讀古書帶來了很大的麻煩。試看下列例句；

①胡瞻爾庭有縣貆兮？（《詩·魏風·伐檀》）

②既成昏，晏子受禮。（《左傳·昭公三年》）

③生孩六月，慈父見背。（《文選·陳情事表》）

④唯王令明公遣三族東或。（《明公𣪘》）

⑤黷則生怨，怨亂毓災。（《國語·晉語四》）

⑥不積蹞步，無以至千里。（《荀子·勸學》）

⑦昔三后之純粹兮，固眾芳之所在。（《楚辭·離騷》）

⑧小賜不咸。（《國語·魯語上》）

⑨天子當宁而立。（《禮記·曲禮下》）

例①“縣”是“懸”的古字，上古無“懸”字。“縣貆”即“懸貆”。例②“昏”是“婚”的古字，經傳無“婚”字。“昏”字從"日"，本義當是"昏暮"，引申爲"昏姻"。爲了區別，"昏姻"義後來寫作"婚"。"成昏"即"成婚"。例③"孩"是"咳"的古字，其義爲小兒笑。"生孩六月"，意思是"生下六個月剛剛會笑的時候"。魏晉以後，"孩"引申爲"始生兒"，"咳"字用作咳唾之咳。兩個字的意義有了分工，讀音也就跟著分化了。

例④"東或"即"東國"。"或""域""國"三個形體，在金文裡原是一個字，《詩經》、《論語》已經分用。許慎《說文解字》把"或"和"域"當作一個字，把"國"當作另一個字，都解釋爲"邦"。到唐代，這三個字分化成三個讀音："或"音胡國反，"域"音雨逼反，"國"音古或反。例⑤"毓"和"育"原是異體字，都是生育、養育的意思，引申爲"孕育"。"毓災"即"育災"。這兩個字後來分了工："育"表示養育、教育，"毓"表示蘊毓。例⑥"踶"和"跬"以及"趌"三個形體，實爲一字。《說文·走部》，"趌，半步也，讀若跬，同。"其實"趌"字從"走"，"跬"字從"足"，"走"與"足"相通；而"踶"與"跬"皆從"足"，只是聲符有別。

例⑦的"后"，不是"後"的簡體字，不能當作"先後"的"後"，而應作"君主"講。"後"簡化爲"后"，因而與"君后"的"后"相混。例⑧的"咸"，不是"鹹"的簡體字，漢字簡化以前，"有鹽味"的意義不寫作"咸"。"咸"是"全"的意思，"不咸"即"不普遍"。例⑨的"宁"，不是"寧"的簡體字，不當作"安寧"講。"宁"讀zhù，與"佇"同。《爾雅·釋宮》："門屏之間謂之宁。"孫注："宁，門內屏外人君視朝所宁立處也。”原來“宁”是個處所名詞。

異體字同音同義，大多因造字方法不同而導致形體不同，前人稱爲“重文”、“或體”。《說文解字》所列“重文”即有幾百字，如“鳳”和“鵬”（四卷上），“丹”和“彤”（五卷下），“常”和“裳”（七卷下），“求”和“裘”（八卷上），“西”和“栖”（十二卷上）。又《說文》引詩“稱彼兕觥”，今《詩》作“舫”；引詩“式號式謼”，今《詩》作“呼”。其他所謂隸變字、正俗字，都是異體字，如：頗——俛，野——埜，姻——婣，驅——敺，嘯——歗，御——馭，嗚——於，餐——湌，歐——嘔，身——娠，齎——賚，斧——鈇，等等。

古今字在某一意義範圍內，其性質也是異體字，因爲不是在同一時代產生，所以叫做“古今字”。清人王筠稱之爲“區別文”，他說：“字有不須偏旁而義已足者，則其偏旁爲後人遞加也；其加偏旁而義遂異者，是爲分別文。”（《說文釋例》卷八）一般說來，無偏旁在先，有偏旁在後，如“責”——“債”，“竟”——“境”，“馮”——“憑”，“赴”——“訃”，“賈”——“價”、“估”，“辟”——“避”、“闢”，“意”——“臆”、“憶”，等等。翻開郭沫若的《兩周金文辭大繫考釋》，象隹——維，才——在，各——佫，立——位，且——祖，易——錫，乍——作，等等，是極爲普遍的用法。

在古代典籍裡，上述異形字數量龐大，變化複雜，如果不懂得其中的對應關係，閱讀時就會隨時遇到障礙。如張衡《西京賦》：“乃有迅羽輕足，尋景追括，鳥不暇舉，獸不得發。”《大漢和辭典》釋“尋景”爲“尋找景色”。這種望文生訓的原因，就是

不了解"景"本訓"日光",引申爲"形景",又另造"影"字,
"景"是"影"的古字。這說明訓詁學和文字學的關係密切,只
有熟悉漢字演變的情況,才可以判定某字即某字,障礙也就隨之
掃除。

二、傳寫訛誤

古書由於手寫傳抄,前後翻刻,很容易發生訛誤。晉人葛洪
在談到古書不易通讀的原因時,曾引用過當時流行的一個諺語:
"書三寫,魚成魯,虛成虎。"(《抱朴子·遐覽篇》)《呂氏春秋
·察傳》也記載有"晉師三豕涉河"的笑話,子夏指出"三豕"
爲"己亥"之誤(古文"己"與"三"相似,"亥"與"豕"同
形)。這個"魚魯豕亥"的典故說明,古書在反覆傳寫中,形體
相近的字很容易混同而成訛誤。《尚書大傳》有"別風淮雨"一
語,讀來讀去也讀不通。原來是四個字錯了兩個,應寫作"列風
淫雨",其中"列"即"烈","烈風淫雨"就好懂了。又如:

①懼者其眾矣。(《左傳·僖公二十四年》)
②太后盛氣而揖之。(《戰國策·趙策》)
③夫佳兵者不祥之器,故有道者不處。(《老子·三十一章》)
④長惡不悛,從自及也。(《左傳·隱公元年》)

例①"其眾"殊不可解。陸德明《經典釋文》曰:"其,本作
甚。"據另一版本,讀作"懼者甚眾",即無滯礙。例②"太后

揖之"（"之"指老臣觸龍），於理不合。王念孫《讀書雜志》以為，"揖"是"胥"字之誤，"隸書胥字作𦙃，因訛而為𦙃，後人又加手旁耳"。《史記·趙世家》"揖"寫作"胥"，馬王堆帛書作"須之"，"胥"同"須"。例③"佳兵"亦不可通。王念孫《讀書雜志》指出："佳當作隹，字之誤也。隹，古唯字也。……上言'夫唯'，下言'故'，文義相承也。"例④"從"，杜預注"隨也"。王引之《經義述聞》說："隨自及也，殊為不詞。從，疑當作'徒'，言長惡不悛，無害於人，徒自害而已。隸書'從'字作'从'，形與'徒'相似，故徒訛作從。"

　　古書裡因字形相近而誤寫的例子是相當多的。王引之指出："經典之字，往往形近而訛，仍之則義不可通，改之則怡然理順。"他的《經義述聞》卷三十二載有《形訛》一篇，專述此事。其中談得較多的，是古文字形近而訛的例子，值得我們注意。

　　衍文和脫文，也是傳抄翻刻中容易產生的訛誤現象。衍文，指古籍文句中多出的文字。如《尚書·無逸》："先知稼穡之艱難，乃逸，則知小人之依。"此句義不可通。王念孫指出："先知稼穡之艱難，則知小人之依。文義上下相承，中間不得有'乃逸'二字。且周公戒王以無逸，何得又言'乃逸'乎？'乃逸'二字，蓋涉下文'厥子乃不知稼穡之艱難，乃逸乃諺'而衍。"（《經義述聞》卷三十二）刪去"乃逸"二字，文義即順。又如《老子·二十二章》："故從事於道者，道者同於道。"此句文義有礙。俞樾說："下'道者'二字衍文也。本作'從事於道者同於道'。……《淮南子·道應篇》引《老子》曰：'從事於道者同於道'，可證古本不迭'道者'二字。"（《古書疑義舉例》）

　　脫文，指古籍文句中脫漏了的文字。如《資治通鑒》卷二十五："臣生無益縣官，願代趙京兆死。"胡三省注云："《漢書》本傳，'臣生'之上有'或言'二字。"又如大戴《禮記》："相侵陵，生於長幼無序而教以敬讓也。"此句不合情理。王引之《經義述聞》卷十二云："此文本作'相侵陵，生於長幼無序而遺敬讓，鄉飲酒之禮，所以明長幼之序而教以敬讓也。'下文曰'故有鬥辨之獄，則飾鄉飲酒之禮'，是其證。今本脫去'而遺敬讓'至'長幼之序'十六字（此因兩'而'字相亂，以至脫去十六字），則文不成義。當據前後文及《家語》補。"又《詩經·桃夭》，唐人孔穎達疏："此云家人，家猶夫也，猶婦也。"阮元《校勘記》："'猶婦'上當脫'人'字。"這樣一指出，我們就明白孔穎達的疏裡，"猶夫"是對"家"而言，"猶婦"是對"人"而言；不然，"家"又釋作"夫"，又釋作"婦"，是怎麼也講不通的。

　　還有一種常見的訛誤現象，即古書亂了次序，後人稱爲"錯簡"。如《論語·述而》："互鄉難與言。童子見，門人惑。子曰：'與其進也，不與其退也，唯何甚？人潔己以進，與其潔也，不保其往也。'"（與，讚許；其，過分；保，守，死記。）朱熹《集注》指出："疑此章有錯簡。'人潔己'至'往也'十四字，當在'與其進也'之前。"按照說話的邏輯層次來說，朱熹的意見是有道理的。就孔子的一段話來看，"人潔己以進"一句是總說，"與其潔也"云云，是針對其中的"潔"字而言；"與其進也"云云，則是針對其中的"進"字而言。經朱熹一調整，原文的層次更爲分明。又如《戰國策·楚策》："（黃雀）自以爲無患，與人無爭也；不知夫公子王孫，左挾彈，右攝丸，將加己乎十仞之上，以其頸爲招。晝游乎茂樹，夕調乎酸鹹。倏忽之間，墜於公子之手。"王力主編《古代漢語》根據王念孫的說法，認爲末一句是衍文，因爲前面已說了"夕調乎酸鹹"，就用不著再說這句了（第一冊112頁）。說是"衍文"，竟多出十個字，不能不令人懷疑。據金正煒《戰國策補釋》卷三，這句話實在是錯簡，應該移於"晝游乎茂樹"之前。這樣一來，文理極順。

這樣看來，訓詁學和校勘學密切相關，文句中的訛誤一經勘正，甚至無須解說而文義已明。當然，凡是一種像樣的版本或是今天出版的新本，都經過前人或今人的校勘，其中剩下的訛錯並不太多。但是，了解這些訛誤現象，有助於我們閱讀和理解前人的注疏，補正前人的不足之處。

三、文字通假

漢字，尤其是古漢字，具有比較明顯的表意性，因而容易讓人見其形則知其意。但是在古代典籍裡，常常只用某字之音，不用某字之義，也就是借用音同或音近的字來代替口語裡的那個詞。這就是一般常說的文字假借。

說起假借，應注意有兩種不同性質的情況：

一種是許慎所說的"本無其字，依聲托事"的假借。這類詞進入書面時，本來就沒有與之相應的現成的書寫符號，一開始就借用一個同音的書寫符號來代替。試看《左傳·莊公十年·曹劌論戰》一段裡的"專、衰、難、何、則、所"六字：專，從寸，寸即手，本義爲"六寸簿"，即手板，借作"獨""獨占"；衰，從衣，本義爲草編的雨衣，借作"衰退""衰老"；難，從佳，本是一種鳥名，借爲"難易"之"難"；何，從人，本義是"負荷"，借作疑問代詞；則，從貝從刀，本義指"以刀毀鼎"，借作副詞"即"；所，從斤，斤即斧，本爲伐木聲，借作特殊的指示代詞。還有少數"本有其字，久借不歸"的假借字，就性質說與這一種相近。如容貌之"容"，本寫作"頌"（頌從頁，頁即首），而借用容納之"容"；波浪之"浪"，本寫作"瀾"（《說文》："大波爲瀾。"），而借用"滄浪水"（水名）之"浪"；草木之"草"，本有"艸"字，而借用柞櫟實之"草"。這種借字在歷史上已經取得了近似本字的地位，一般讀者已經習焉不察了。

　　另一種是"本有其字，臨時代替"的假借。東漢訓詁家鄭玄說："其始書之也，倉卒無其字，或以音類比方爲之，趣於近之而已。"（見陸德明《經典釋文·敘錄》）"倉卒無其字"，就是臨時寫不出某字；"以音類比方"，就是借用同音字或近音字。如《史記·項羽本紀》鴻門宴一段裡"要"通"邀"，"倍"通"背"，"蚤"通"早"，"郤"通"隙"；《列子·愚公移山》裡"亡"通"無"，"惠"通"慧"等。這些都是一般讀者所熟悉的。王力先生認爲這是"古人寫別字"，後來爲了存古而相沿襲用，積習難改。

　　從現代語言學的角度來看，應該把上述兩種假借區分開來：前一種屬於文字學範圍，是傳統"六書"裡的假借造字法；後一種屬於訓詁學範圍，是漢字的運用問題。閱讀古書最容易引起誤解的大多是後一種。爲了表示區別，現在一般就把後一種稱爲"通假"，又叫"通借"。

這種通假現象之所以是閱讀古籍的主要障礙，就因爲通假字的形、音、義往往是我們所熟悉的，而古籍裡用它所表示的又不是那個所熟悉的意義。這就容易使人望文生義，從而使原句滯礙不通或產生誤解。例如：

①陽貨欲見孔子，孔子不見，歸孔子豚。（《論語·陽貨》）

②形容枯槁，面目犁黑，狀有歸色。（《戰國策·秦策一》）

③仲爲不道，殺適立庶。（《左傳·文公十八年》）

④吳王夫差無適於天下。（《戰國策·秦策三》）

⑤黃帝堯舜誅而不怒。（《商君書·更法》）

⑥財非其類以養其類。（《荀子·天論》）

"歸"，本義是女子出嫁，引申爲歸家。而例①"歸"通"饋"，例②"歸"通"愧"。"適"，本義是往。而例③"適"通"嫡"，例④"適"通"敵"。例⑤"怒"，用本義去解釋，字面似乎能講通，但於情理不合。這個"怒"借作"孥"，是"一人有罪，妻子連坐"的意思。例⑥"財"，本義是生活必需品，引申爲錢財；這裡借作"裁"，是制裁的意思。

上面的例子表明，通假字與本字二者之間的關係是鬆散的，不固定的。譬如同一個"歸"字，可借作"饋"，也可借作"愧"，因而它在句子裡的作用是臨時的，一旦離開了通假的語言環境，也就不再具有在該句中的那個意義。通假字的這種不定性和臨時性的特點，決定了通假義的難以捉摸，因而必然造成古書閱讀上的困難。《詩經·七月》有"八月剝棗"一句，對其中的"剝"字，王安石就曾經理解錯了；後來才明白"剝"借為"攴"，即後來的"撲"。

王引之《經義述聞》卷三十二有《經文假借》一篇，其中說："至於經典古字，聲近而通，則有不限於無字之假借者。往往本字見存，而古本則不用本字，而用同聲之字。學者改本字讀之，則怡然理順；依借字解之，則以文害辭。……迄今考之文義，參之古音，猶得更而正之，以求一心之安，而補前人之闕。"這一段話，不僅說明了通假字的性質、特點和對閱讀的妨害，而更要緊的是指出了克服這個障礙的方法，這就是"考之文義，參之古音"。朱駿聲在《說文通訓定聲·自敘》裡也說過類似的話："不知假借者，不可與讀古書；不明古音者，不足以識假借。"這可以說明訓詁學和古音學之間有著密切的關係。

四、雅俗分歧

地域阻隔，習俗不同，造成語言的分歧，寫在書面上則形成異字同義或同字異義的複雜現象。這裡所謂"雅"，指的"華夏通語"，即古時的普通話；所謂"俗"，指的"方俗殊語"，即古時的方言。通語和方言的分歧，無疑也是古書難讀的一個重要原因。試看下列詩句：

①盈盈樓上女，皎皎當窗牖，娥娥紅粉妝，纖纖出素手。

（《古詩十九首·青青河畔草》）

②佼人僚兮，舒窈糾兮。（《詩·陳風·月出》）

③靜女其姝，俟我於城隅。（《詩·北風·靜女》）

④貌豐盈以莊姝兮。（《楚辭·神女賦》）

⑤目想妍麗姿，耳存清媚音。（《玉臺新詠·嘲友人》）

例①"盈盈"，儀態美好貌；"皎皎"，光明貌，據朱自清說，
這兒指女子膚色白皙。例②"佼"，《經典釋文》又作"姣"，
"佼人"即"美人"。例③"姝"，《毛傳》："美色也。"例
④"豐"，豐采的意思；《詩·鄭風·毛傳》："豐，豐滿也。"
"豐"和"盈"同義而連用。例⑤"妍"和"麗"連文同義，是
艷麗的意思。

上述諸詞詞形各異而詞義共同，就是由方言分歧而造成的。
東漢揚雄《方言》卷一說：

> 娥，嬴，好也。秦曰娥，宋衛之間謂之嬴。秦晉之間凡好
> 而輕者謂之娥。自關而東，河濟之間謂之媌，或謂之姣。
> 趙、魏、燕、代之間曰姝，或曰妦。自關而西，秦晉之故
> 都曰妍。好，其通語也。

例①"盈"，即《方言》"嬴"，郭璞注："言嬴贏也。"例①
"皎"和例②"佼"，即《方言》"姣"。例④"豐"即《方言》之
"妦"。以上說的是形容詞；下面舉個名詞的例子：

黃鳥，黃鸝留也，或謂之黃栗留，幽州人謂之黃鸎（鶯）。一名倉庚，一名商庚，一名鵹黃，一名楚雀。齊人謂之搏黍。（陸璣《詩經義疏》）

這種異名同實的語言現象，顯然是由方言分歧造成的。可以想見，這給閱讀古書帶來多麼繁重的負擔。再看動詞的例子：

雖袒裼裸裎於我側，爾焉能浼我哉？（《孟子·公孫丑上》）

章太炎指出："袒，許書作'但'；裼，古音如鬄。'但''裼'古雙聲，皆在透母。裸，但也。裎，但也。裎，今舌上音，古人作舌頭音，讀如聽，亦在透母。裸，在今來母，於古亦雙聲。此因各地讀音不同，故生異文。"（《小學略說》）

　　就是虛詞，也會由於古代方音的分歧而造成文字的歧異。在先秦古籍里，吳國常稱"勾吳"，越國常稱"於越"。這是由吳、越兩地方言的不同發聲而造成的。劉師培說：吳人以格音爲語端，"格""勾"一聲之轉，故吳曰"勾吳"；越人用阿音爲發聲，"阿""於"古音相近，故越曰"於越"。（參看何仲英《訓詁學引論》）

　　對於傳統"六書"中的"轉注"，章太炎認爲："古來語言不齊，因地轉變，此方稱'老'，彼處曰'考'；此方造'老'，彼處造'考'，故有'考、老'二文。造字之初，本各地同時並舉。太史采集異文，各地兼收，欲通四方之語，故立轉注一項。是可知轉注之義，實與方言有關。"（《小學略說》）戴東原從詞匯的角度提出，"轉注"就是同義詞的互相訓釋。結合章、戴二氏的提法，那麼《說文》草部"茅、菅"互訓，木部"栴、梅"互訓，人部"何、儋"互訓，系部"纏、繞"互訓，頁部"頂、顚"互訓，等等，不少就是方言和通語、方言和方言的同義互訓。劉師培曾以"殺、劉"互訓爲例指出："古稱以兵斬人爲殺，今秦晉間亦以斬人爲溜。"看來，"殺"是通語，"劉（溜）"是方言。

　　以上是因方言分歧而造成的異字同義現象。與此相反，同一文字，因方言不同而有不同的意義。如《尹文子》："鄭人謂玉未理者璞，周人謂鼠未臘者璞。"這是說同一個"璞"字，鄭人用來指未經治理過的玉，而周人用來指未經風乾過的鼠。但這種情況較爲少見，不少是方音之間的巧合。

　　這又說明，訓詁學必須利用方言學的研究成果，二者的關係也是密切的。

五、詞義演變

　　語言是發展變化的，語言的詞匯更是處在經常變動的狀態之中。隨著社會的不斷發展和事物的不斷變化，在不同的歷史時期，一些不合用的詞消失了，許多適合需要的詞產生了。增添的新詞，一般說來，是當時的人們所熟悉的。而消亡的舊詞，卻仍然保留在古代典籍裡，成爲後來讀者的閱讀障礙。

　　詞匯的變動，不僅表現在詞語的產生和消亡上，還表現在詞義的演變上。在語言的發展過程中，詞義可能經過多次的變化，變化的方式也多種多樣，或由此一事物的名稱轉爲彼一事物的名稱，或由具體的意義發展出抽象的意義，或由這種感情色彩轉移到那種感情色彩，或由實在的意義演變爲虛靈的意義。例如：

①若鄭以爲東道主，行李之往來，共其乏困。（《左傳·僖公三十年》）

②祭祀必祝之。（《戰國策·趙策四》）

③先王之道，斯爲美。（《論語·學而》）

④丈夫亦愛憐其少子乎？（《趙策四》）

⑤以其兄之子妻之。（《論語·公冶長》）

⑥空谷傳響，哀轉久絕。（《水經注·三峽》）

⑦將軍者，國之爪牙。（《漢書·李廣傳》）

⑧馳突火出。（《三國志·武帝紀》）

例①"行李"是指"外交使臣"；今說"行李"，卻是指外出人員隨身攜帶的衣物、舖蓋等物。例②"祝"是指向鬼神禱告；後來向人道賀也說"祝"。"道"的本義是道路；後來由這個具體的意義派生出抽象的意義，指道理和學說，如例③。例④"丈夫"，原是對老年男子的通稱，如今是妻子對自己男人的稱呼；至於"憐"，上古時既有"憐憫"義，又有"喜愛"義，這句裡的"憐"和"愛"是同義詞並用，而現在"憐"只保留了"憐憫"義。"子"這個詞，上古時是孩兒的意思，包括男性和女性，例⑤的"子"特指女兒；後來"子"僅指兒子，與"女"相對了。例⑥的"響"是指回聲，猿啼的回聲；後來指所有的聲響。例⑦

"爪牙"是指武臣，也用來泛指輔佐君主的人，本是一個褒義詞；如今用來比喻壞人的幫兇，具有貶義。"突"，據《說文解字》所說，是"犬從穴中猛然跳出"，引申爲"奔突""突破"等義，例⑧的"突"即"突圍"的意思；後又虛化爲"突然"，已是個副詞了。

以上所舉八例足以說明，詞義演變的情況是相當複雜的。有些詞，由甲義引申出乙義，而乙義產生之後，甲義不復存在，如"行李""祝"二詞，這是詞義的轉移。有些詞，由本義派生出引申義，新義產生之後，本義仍然保留，詞的義項多起來了，如"道"，這是詞義的增加。有些詞，原來不止一個意義，後來其中某一個或某兩個意義逐漸消失了，就是說詞的義項變少了，如"憐"，這是詞義的減少。有些詞，由甲義引申出乙義，而乙義的外延可以包含在甲義之中，如"子"，這是詞義的縮小。與此相反，有些詞由甲義引申出乙義，而甲義的外延可以包含在乙義之中，如"響"，這是詞義的擴大。"爪牙"是詞義感情色彩轉移的例子，而"突"是詞義虛化的例子。詞義演變的這種複雜情況，造成了閱讀古書的一大障礙。學習古代漢語的詞匯，了解詞義演變的各種方式和一般規律，就能夠以簡馭繁，有效地克服這個大障礙。

詞義的演變，一方面增加了語言表達的靈活性和豐富性，另一方面是出現了一大批古今詞形相同（在書面上即同一字形）而古今詞義既有聯繫又有區別的詞。這後一個結果，給掌握古代漢語詞義帶來了困難。古今詞義之間，有的區別明顯，有的差異細微。就閱讀古書來說，區別明顯的固然造成障礙，而差異細微的卻更容易引起誤解。例如：

①其鄉人曰：肉食者謀之。（《左傳·莊公十年》）

②雖有軒冕之賞弗能勸。（《莊子·胠篋》）

③窮則獨善其身，達則兼善天下。（《孟子·盡心上》）

④孟嘗君給其食用，無使乏。（《戰國策·齊策》）

⑤宇文新州之懿範，襜帷暫駐。（王勃《滕王閣序》）

上引各句中加著重號的詞，一般讀者很容易用所熟悉的今天的意義去解釋，而且還覺察不出有什麼不順當。但是，那種解釋並不符合原意。例①"鄉"，是古代國都附近居民組織的一個單位，不同於今天所說"城鄉"的"鄉"。"鄉人"，不是"鄉下人"，也不是"同鄉"，而是"同一鄉的人"。例②"勸"，不是勸告、勸說，而是勸勉、獎勵。勸說義是消極的勸阻，勸勉義是積極的鼓勵，前者由後者引申而來。例③"窮"，在上古沒有"貧窮"的意思，其常用義是"境遇不好，生活困難"，特指不得仕進和不能顯貴。"窮"和"貧"在上古不是同義詞，跟"貧"相對的是"富"，而跟"窮"相對的是"達"或"通"。例④"給"，在上古還沒有"給予"的意義，而是供應、供給，即"彼不足而使之足"的意思。例⑤"暫"不能解釋爲"暫時"，而是"短暫"的意思。漢代以前，"暫"和"突"是同義詞，《左傳·僖公三十三年》杜注："暫，猶卒也。"卒，即猝，就是"突然"、"一下子"。漢時"暫"已引申爲"短暫"，"暫駐"就是短時間的停留。以後又引申爲"暫時"；說"暫時"，是對將來而言。像上面所說的這一類詞，我們需要下一番功夫，弄清楚它們古今詞義之間的細微差別，才能真正地掌握它們，閱讀古書時不致因詞義相近而誤解。這表明訓詁學需要利用現代詞彙學的研究成果，以增強自身的科學性。

六、音讀不定

古代典籍用的是古代漢語的書面語言。書面語言以目治而不以耳治，似乎不存在什麼讀音的問題。其實不然，古代漢語有一個音隨義轉的規律。這個規律也反映在書面上。如果完全不了解這個情況，閱讀古書也會多一重困難。這可以從兩方面來說明。

一方面，古代書面語言裡有時看來是兩個記寫不同詞的字，就因為它們當時的讀音相同或者相近，就借用其中的一個來表示另一個字的意義。例如賈誼《治安策》："下無倍畔之心，上無誅伐之志。"其中"倍畔"即"背叛"。這種通假現象是從讀音上來理解的，單看字形就令人費解。"倍畔"和"背叛"今音也相同，順藤摸瓜沒有什麼困難。對那些古音相同或相近而今音不同的通假字，有些就需要改讀本字之音，這就是所謂"通假異讀"。例如：

① 虞於湛樂，淫失其身。（《國語·周語下》）
② 尋常之溝，巨魚無所還其體。（《莊子·庚桑楚》）
③ 此宜無罪，女反收之。彼宜有罪，女覆說之。（《詩·大雅·瞻卬》）

④而後及今培風。（《莊子·逍遙遊》）

⑤武王壹戎衣而有天下。（《禮記·中庸》）

例①"失"讀作"佚"，放蕩的意思。例②"還"讀作"旋"，旋轉的意思。例③"說"同上文"收"相對。毛傳："收，拘收也。說，赦也。"《釋文》："說，一音他活反。"可見"說"讀作"脫"，解脫的意思。例④"培"讀作"憑"，"培風"即"憑靠風力"。例⑤"衣"讀作"殷"，"戎衣"即"伐殷"。與此相類而又習見的，如：說一悅，亡一無，矜一鰥，不一丕，罷一疲，台一怡，內一納，適一嫡，等等。

　　另一方面，書面語同口頭語雖然有區別，但是仍有密切關係。書面語一般以口頭語爲基礎。書面語裡用相同的字所表示的詞，可能因爲音讀不同而意義也不同。如《論語·季氏》：

　　孔子曰："益者三樂，損者三樂。樂節禮樂，樂道人之善，樂多賢友，益矣。樂驕樂，樂佚游，樂晏樂，損矣。"

這段文言共用了十一個"樂"字，按照舊讀，有三個讀音。"三樂""驕樂""晏樂"的"樂"，音lè，快樂的意思；"樂節""樂道""樂多"的"樂"，音 yào，喜愛的意思；"禮樂"的"樂"，音yuè，是指音樂。今天仍然保留其中第一和第三兩個讀音。詞義的不同通過讀音的不同來表示，當然不是從字形上能夠領會到的。這種爲了區別一個字的不同意義而改讀的現象，就是所謂"破音異讀"。

　　從前，對破音異讀的要求是嚴格的，稍有疏忽，則貽笑方家。今天，學習古代漢語，目的是爲了更好地繼承古代文化遺產，當然沒有必要完全堅持傳統的破音異讀原則，來給自己背上沉重的包袱。但是破音異讀畢竟是古代漢語裡存在著的客觀事實，有不少已經約定俗成，特別是舊注疏家往往把它當作一種訓釋經籍的手段。接觸古代文獻，就不能不了解這種現象。

　　破音異讀大多是改變聲調，也有涉及聲母和韻母的。下面列表說明破讀情況。因爲這裡完全按照現代普通話讀音來分析，所以像聲母清濁或入聲字的破音均不列入（此表參照呂冀平、陳欣向《古籍中的“破音異讀”問題》，引用時略作修改）。

破音方式		例　　　字	注　音
變　聲　母		見 （燭之武見秦君） （曹劌請見）	jiàn xiàn
變　韻　母		數 （加我數年） （數見不鮮）	shǔ shuò
變字調	平變去	王 （先王之道） （王天下）	wáng wàng
	上變去	語 （子不語） （公語之故）	yǔ yù
	去變上	去 （孟子去齊） （去關市之征）	qù qǔ
音、韻全變		龜 （龜玉毀於櫝中） （龜裂）	guī jūn
聲、調全變		乘 （不如乘勢） （千乘之國）	chéng shèng
韻、調全變		徵 （兵未戰而先見敗徵） （爲變徵之聲）	zhēng zhǐ
聲韻調全變		遺 （故舊不遺） （厚遺之）	yí wèi

此外，有些古代的國名、族名、地名、人名、姓氏等，常有比較特殊的讀音，而不能按照這些字的本來讀音來讀。如：吐谷渾（tǔyùhún古國名）、龜茲（qiūcí漢時西域國名）、身毒（juāndú古稱印度）、阿房宮（ēpánggōng秦時宮名）、夫差（fúchāi）、伍員（wǔyún）、酈食其（lìyìjī西漢人）、冒頓（mòdú，匈奴單于）、閼氏（yānzhī，匈奴王后）、万俟（mòqí，複姓）、尉遲（yùchí，複姓）、曹大家（cáotāigū，東漢時班昭，"大家"即"太姑"，古代對女子的尊稱）等。

七、詞語省略

語言的表達是由粗略發展到嚴密的。先秦時期沒有動量詞，判斷句一般不用係詞，雖然也可以按現代漢語的句法加以補足，但不能把這個看作是省略。這裡所說的省略，是指某些詞語、某些成分在當時原已存在，只是作者在當時語言習慣許可的條件下臨時不用。這樣的省略現象，古代漢語比現代漢語更爲常見，情況更爲複雜，因而也是古籍難讀的主要原因之一。在碰到這類句子時，如若仔細玩味，弄清脈絡，恰當地將省略的詞語加以補足，障礙就會掃除，句意也轉爲清晰。例如：

①楚人爲食，吳人及之。〔楚人〕奔，〔吳人〕食而從之。
（《左傳·定公四年》）
②子曰："〔丈人，〕隱者也。"〔子〕使子路反見之。
〔子路〕至，〔隱者〕則行矣。（《論語·微子》）

③或以其酒，不以其漿。毛傳："或醉於酒，或不得漿。"

（《詩·小雅·大車》）

④醫和曰："上醫醫國，其次〔醫〕疾，固醫官也。"

（《國語·晉語》）

⑤若果行此，其鄭國實賴之，豈唯二三臣〔賴之〕？

（《左傳·襄公三十一年》）

⑥躬自厚〔責〕而薄責於人，可以遠怨矣。（《論語·衛靈公》）

⑦左右以君賤之也，食〔之〕以草具。（《戰國策·齊策》）

⑧豹曰："民可以〔之〕樂成，不可與〔之〕慮始。"

（《史記·滑稽列傳》）

⑨夫今樊將軍，秦王購之〔以〕金千斤、邑萬家。

（《史記·刺客列傳》）

⑩女專利而不厭，〔從〕予取，〔從〕予求，不女疵瑕也。

（《左傳·僖公七年》）

以上例句中加方括號的，都是原文省略而我們予以補足的詞語。前三例屬主語承前省略。例①後兩個分句的主語分別承前兩個分句的主語而省去，這還不難看出。例②後兩句省略的主語彼此交錯，情況比較複雜，不是一眼就能看出的。例③若是粗粗讀過，很容易解爲"或以其酒，而不以其漿"，這與上下文意不相連貫。毛傳提示我們，後一分句省去了一個無定代詞"或"字。予以補足，就知道上下兩句說的是兩種人所得到的截然不同的待遇。中間三例屬謂語省略。例④謂語動詞承前省去。例⑤謂語動詞連同它的賓語一起承前省略。例⑥謂語探後省去。這些謂語如果不補出，文意自然不順。再下二例屬賓語省略。例⑦是謂語動詞的賓語承前省略，這個代詞"之"和"賤之"的"之"一樣，都是稱代"馮諼"。"食之"是"使馮諼食"。例⑧是省略了兩個介詞的賓語，這是古文中常有的情況。"以"即"與"，後面省去的代詞"之"是復指"民"的。不了解這裡省去了兩個代詞，這句話就不會理解得很準確。最後二例屬介詞省略，這也是古文中習見的。例⑨補足了介詞"以"，"金千斤、邑萬家"在句中作爲補語的地位才更爲清晰。例⑩兩個"從"字，需要仔細斟酌文意方能補出；稍一疏忽，就會把兩個"予"字當作主語來理解，而這樣理解適與原意相背。

　　古文中詞語省略的現象，有的極難辨認，這就影響對文意的準確理解；有的雖能辨認，但難以確定，這就容易產生對文意的歧解。例如：

　　⑪吾視其轍亂，望其旗靡，故逐之。（《左傳·莊公十年》）
　　⑫子曰："吾與回言終日，不違，如愚。退而省其私，亦足以發，回也不愚。"（《論語·爲政》）
　　⑬故用兵之法，十則圍之，五則攻之，倍則分之，敵則能戰之，少則能逃之，不若則能避之。（《孫子兵法·謀攻》）

　　例⑪粗讀一過，會以爲"其轍亂""其旗靡"分別是動詞"視"和"望"的賓語，句子結構清晰，沒有省略什麼詞語。然而，如果聯繫上文關於長勺一戰的敘述來考慮，特別是聯繫"〔曹劌〕下，視其轍，登，軾而望之，曰：'可矣。'遂逐齊

師"這段文字細細加以斟酌，就可以知道，上引兩個分句不是作
爲一個層次來說的。"視"的是"其轍"，而"亂"是看到的結
果；"望"的是"其旗"，而"靡"是望到的結果。這兩句應該
分爲兩個層次，作如下讀：

　　　吾視其轍，〔轍〕亂；望其旗，〔旗〕靡。

原來後兩個分句的主語都承前一分句的賓語而省略了。

　　例⑫引號內"不違，如愚"和"退而省其私"兩個分句的主
語都省去了，這不難看出。前一分句的主語是"回"，這是明確
的；後一分句的主語呢？這就不明確了。朱熹《集注》以爲是孔
子退而省顏回的私，"則見其日用動靜語默之間皆足以發明夫子
之道"。楊伯峻《譯註》卻以爲是顏回"退而省其私"，"卻也
能夠發揮"夫子之道。（中華書局，1958）此外，還有第三種理
解：

　　　吾與回言終日，〔回〕不違如愚。〔回〕退而〔吾〕省其
　　　私，〔回〕亦足以發，回也不愚。

比起前兩種，這種理解是否更符合原文意旨呢？這就有待於進一
步研究了。

　　例⑬後面六個分句的"則"字之前，都省去了一個代詞
"之"字。這六個分句又都是緊縮複句。"十〔之〕"
即"十倍於敵人"，"倍〔之〕"即"二倍於敵人"，

"敵〔之〕"即"與敵人相當",它們的主語都是"兵力"。

以上各例的省略基本上都是專項的,這是爲了便於說明問題。實際上古籍裡的省略現象要錯綜複雜得多。可見,詞語省略是閱讀古書時不容忽視的一種現象。當然,把省略了的成分補出來,是爲了正確地理解文句的結構和內容,並不是說古文應該寫得如此完備;眞要那樣,倒顯得十分累贅了。

八、章句無讀

舊版古籍幾乎都不劃分段落章節,也沒有句讀標誌。這無疑給閱讀古代文獻的人又增加了一層障礙。新版古書大多加了新式標點,這給讀者帶來了很大的方便;但是,因爲後人對古書的文句理解不同,有些斷句標點還有分歧意見,甚至不無錯誤,而要和古代文獻打交道,就不能不直接接觸舊版古籍,以判斷是非。例如:

> 山徑之蹊間介然用之而成路。爲間不用則茅塞之矣。
>
> (《孟子·盡心下》)

對前一句,趙岐注云:"山徑,山之嶺·有微蹊介然,人遂用之不止,則蹊成爲路。"這是於"介然"後讀斷。朱熹注云:"介然,倏然之頃也。"這是於"介然"前讀斷,以"介然用之而成路"爲句。劉師培以"間介"爲雙聲聯綿詞,"間介者,扞格之轉音",是形容山徑阻塞的樣子。劉氏顯然是以"山徑之蹊間

介"爲句。楊伯峻則以"間介然"連下讀，以爲即《荀子》之
"介然"，是意志專一的樣子，譯爲"經常去走它……"。

一個並不怎麼複雜的句子，如何讀斷，竟有這麼大的分歧。
這當然是個極端的例子，不過也說明章句無讀所造成的矛盾。

近人楊樹達著有《古書句讀釋例》一書，今從中選擇數例來
說明章句無讀所帶來的閱讀上的障礙。

> 孔子之喪，有自燕來觀者，舍於子夏氏。子夏曰："聖人
> 之葬人與人之葬聖人也。子何觀焉？"（《禮記·檀弓上》）

鄭玄注："與，及也。"如此，"聖人之葬人"以下十二字自然
作一句。王肅云："'聖人葬人與'屬上句。以言若聖人葬人與，
則人庶有異聞，得來觀者；若人之葬聖人，與凡人何異，而子何
觀之？"依王說，"與"當是語氣詞，應該讀斷。

> 國已屈矣，盜賊直須時耳。然而獻計者曰："毋動爲大耳。
> "（《漢書·賈誼傳》）

顏師古注"毋動"云："言天下安，不可動搖"；又注"爲大耳"
引如淳曰："好爲大語者"。這是把"毋動爲大耳"五字分爲兩
句。周壽昌云："漢文時，尙黃老，以淸靜爲治，故曰'毋動爲
大'，不必截讀。"依周說，"毋動爲大"即"以毋動爲大"，
師古誤解了此句文意。

　　孔墨之弟子皆以仁義之術教導於世，然而不免於僵身，猶
　　不能行也，又況所教乎？（《淮南子·俶眞訓》）

高誘注：“僵身，身不見用，僵僵然也。”這是以“僵身”二字
連續。王念孫云：“僵字上屬爲句。‘不免於僵’，謂躬行仁義
而不免於疲也。‘身’字下屬爲句。《呂覽·有度篇》：‘孔墨
之弟子徒屬充滿天下，皆以仁義之術教導於天下，然而無所行。
教者術猶不能行，又況乎所教？’句法正與此同也。”（《讀書
雜志》）高注把“身”字當作名詞，王說把“身”字當己身代詞，
解釋不同，都是由原文無讀所造成的。據下文“況所教乎”，“身”
應是上句主語，兩句相互對待：“身猶不能行也，又況所教乎？”

　　　黥布者，六人也，姓英氏。秦時爲布衣少年。有客相之曰：
　　　“當刑而王。”及壯，坐法。黥布欣然笑曰：“人相我當
　　　刑而王，幾是乎？”（《史記·黥布傳》）

吳汝綸《史記讀本》以“坐法”爲句，幾乎看不出有什麼不當。
楊樹達指出：“此當以‘坐法黥’三字爲句。傳首已舉黥布，傳
中但當稱布，不合複稱黥布也。”楊氏是從《史記》全書的通例
看出吳本斷句之誤。“坐法黥”之“黥”是動詞，處以黥刑之意；
若連下讀作姓氏，下文“人相我當刑而王”即無著落。

　　魯迅曾經指出：“標點古文是一種試金石，只消幾圈幾點，
就把眞顏色顯出來了。”（《花邊文學·點句的難》）古書章句
無讀，給閱讀和研究的人帶來了困難。因此，標點古書不是什麼

雕蟲小技。如果斷錯了句，不僅證明標點者沒有讀懂，也會使讀者跟著讀不懂。又如：

詩曰："乃如之人兮，懷婚姻也，太無信也，不知命也。"賢者不然。精氣闐溢而後傷，時不可過也。（《韓詩外傳集釋》）

末句一本作"精氣闐溢而後，傷時不可過也"。兩種斷句都不對。"傷"爲動詞，"時不可過"爲"傷"之賓語，將動詞和賓語點斷，於義未安。"而後"爲時間詞，按照句法應當下屬才是。

會里中人復治舊井，入洞見戴，撫之未死。大駭，報諸其家。舁歸經日，始能言其底裡。（鉛印本《鑄雪齋抄本聊齋志異》十卷，上海古籍出版社）

"舁歸經日"作一句不可通。"舁歸"的主語是"里中人"，承前省略；"經日始能言其底裡"的主語卻是"戴（生）"，亦承前省去。"經日"當屬下爲句。

"陰當作會陽言，氣陰言；神者，陰中有陽也。"（張立文《朱熹思想研究》引《說文》"魄"字段注，中國社會科學出版社，1981，309頁）

如此斷句，不知所云。《說文解字·鬼部》："魄，陽氣也。""魄，陰神也。"引用者不知"陽言氣，陰言神"是針對《說文》

的解釋而言，所以誤斷。此句應作：

　　"陰，當作‘会’。陽言‘氣’、陰言‘神’者，陰中有
　　陽也。"

　　以上事例說明，給古籍斷句標點，涉及多方面的知識和修養。
不明典章制度，不明社會習俗，不明全書通例，不明古代文法，
不明舊時注疏，要做到正確地斷句標點，要判定前人斷句的是非，
那是不可能的。

第三章　訓詁的內容

　　古代書面語言存在著前面所說的種種障礙和矛盾。訓詁就是針對這些障礙和矛盾，以今語釋古語，以通語釋方言，以易知釋難知，總之，是用語言解釋語言。既是解釋，那當然要對整個的語言現象作出說明，使讀者全面、準確地理解古代文獻的原意。因此，古代訓詁的內容是相當廣泛的，它包括注音、辨字、校勘、釋義四個方面。就拿著名的《十三經注疏》來說吧，裡面就有毛亨、鄭玄、孔穎達諸家的辨字釋義，陸德明《經典釋文》等數家的注音，並附有阮元《校勘記》的校勘。其中釋義當然是訓詁的重要內容。

　　應當指出，語義問題涉及社會生活的各個方面，如果全面地分析古代的訓詁材料，其內容真可以說是無所不包，連我國社會初期的自然科學和社會科學都要涉及。在諸論部分，我們說過，作為學術性工作的訓詁，它所要掃除的是古代書面語言的一般障礙；我們又說過，訓詁學以語義為主要研究內容。因此，這一章主要是針對書面語言的一般障礙，在語義的範圍內談談訓詁的內容。訓釋古代文獻，有逐字解釋者，有逐句解釋者。"逐字解釋"，就是詞義解釋；"逐句解釋"，就是文意訓釋。下面我們分別加以介紹。

第一節　詞義解釋

　　詞義解釋是對客觀存在的詞義進行表述，它是訓詁的基礎工作。大家知道，詞是語言裡最小的能夠獨立運用的表義單位，因而也是語義訓釋的基本單位。古代漢語以單音節詞爲主，在古代典籍裡，一個詞寫下來，絕大多數就是一個字。所以，過去訓詁家和學者所說的“字”，就是今天所說的詞；他們所說的“詞”和“辭”，則是專指今天所謂的虛詞。劉勰說：“句司數字，待相接以爲用。”（《文心雕龍·章句》）這是說，句子是由若干個詞（字）組成的，這些詞只有連接成句子，構成一定的關係，才能表達一個完整的意思，發揮交際的作用。如果不懂得各個詞（字）的意義，就不可能理解詞與詞之間的關係，當然也就無法明白全句的意思。因此，訓詁的第一步就是解釋詞義，它是訓詁的首要的一環。

一、本義和引申義

　　爲適應交際的需要，語言裡的詞大多是一詞多義。在詞的若干互相關聯的義項中，那個在古代書面語言材料中可以追溯的、體現了當初造字意圖的最早的意義，就是詞的本義；而由這個本義派生出來的其他相關的意義，就是詞的引申義。本義是詞義引申的起點，而引申義是本義沿著某一方向發展的結果。本義和引申義之間是綱與目的關係。在古代訓詁材料中，有的是解釋詞的本義，有的則是解釋詞的引申義。例如：

> 《左傳·僖公三十三年》："狄人歸其元，面如生。"杜
> 注："元，首。"
> 《公羊傳·隱公元年》："元年者何？君之始年也。"
> 《書·大禹謨》："汝終陟元后。"孔傳："元，大也。
> 大君，天子。"
> 《左傳·文公十八年》："高辛氏有才子八人……天下之
> 民謂之'八元'。"杜注："元，善也。"

同一個"元"字，就有四個不同的解釋。其中第一個釋義是"元"
字的本義，這是甲骨文"元"的字形所體現的；以下三個都是
"元"字的不同的引申義。又如：

> 《詩·小雅·無將大車》："無將大車，祇自塵兮。"鄭
> 箋："將，猶扶進也。"（按：扶進，即扶持車子前進。）
> 《詩·大雅·烝民》："肅肅王命，仲山甫將之。"毛傳：
> "將，行也。"
> 《詩·商頌·烈祖》："以假以享，我受命溥將。"鄭箋：
> "將，猶助也。"
> 《儀禮·聘禮》："將命於朝。"鄭注："將，奉也。"
> 《儀禮·士相見禮》："請還贄於將命者。"鄭注："將，
> 傳也。"
> 《詩·周頌·我將》："我將我享，維羊維牛，維天其右

之。"毛傳："將，大；享，獻也。"鄭箋："將，猶奉
也。我奉養我享祭。"

《詩·小雅·楚茨》："以往烝嘗，或剝或亨，或肆或將。"毛
傳："亨，飪之也。肆，陳；將，齊也。"鄭箋："冬祭
曰烝，秋祭曰嘗。"

《詩·小雅·四牡》："王事靡盬，不遑將父。"毛傳：
"將，養也。"

同一個"將"字，上列就有八個不同的解釋。一般都認爲，第一
個釋義"扶"是"將"的本義，其餘的都是由"扶"或"持"義
引申開來的。據康殷《文字源流淺說》，"將"字甲骨文和金文
之形體"像用刀切肉投入鼎中烹煮之狀，或加爿以標聲"（榮寶
齋出版，480頁）。《我將》和《楚茨》二詩都說明，"將"之
本義爲祭祀獻享中主持烹調事宜。祭祀乃古之大事，"將"之行
動至關緊要。由"主持烹調"抽象出三個基本意義：一是"大"，
如"我將我享"；二是"行"，如"仲山甫將之"；三是"齊（劑）"，如
"或肆或將"。前幾例的"扶、助、奉、傳"四義由"行"（執
行、進行）引申而來；後二例的"奉養"由"劑"（調配）引申
而出。即如"我將我享"之"將"，毛傳訓爲"大"，鄭箋釋爲
"奉"，孔疏曰："以'將'與'享'相類，當謂致之於神，不
宜爲'大'。將者，送致之義，故云'猶奉養'。"可見，在很
多情況下，隨文釋義就是解釋詞的引申義。

二、概括義和具體義

　　布達柯夫說：“一個詞的意義和用法是有區別的：前者是一般的、普遍的，而後者是個別的、特殊的。”（《語言學引論》，1958）這裡說的“意義”，是指詞在語言詞匯總庫中所具有的意義，即詞的概括義；“用法”是指在一定語言環境中所具有的意義，即詞的具體義。在古代訓詁材料中，有的是使用詞的概括義，有的是指明詞的具體義。例如：

> 　　《論語·雍也》：“可謂仁之方·也已。”孔注：“方，道也。”
> 　　《禮記·樂禮》：“樂行而民鄉方·。”鄭注：“方猶道也。”孔疏：“而民歸鄉仁義之道。”

上引兩例裡的“方”字，前一個是“方術、方法”，後一個是“義理、禮法”，含義並不一樣，可是孔安國和鄭玄都用一個“道”字去注釋。這是爲什麼呢？原來“方法”和“禮法”是“方”這個詞在不同的語言環境中所顯示出來的兩個具體的意義。而“方法、方術”和“禮法、義理”都有“道”的意思，所以孔、鄭二氏都用“道”這個詞的概括義去解釋它們。也正因爲鄭玄是用“道”這個概括的詞義去注釋“而民鄉方”的“方”，尚未揭示出這個“方”字的具體的詞義，孔穎達才進而疏通說：“而民歸鄉仁義之道”，也就是說·《樂記》“民鄉方”的“方”專指儒家的“仁義”，這樣“道”字的含義就十分明確了。

> 　　《詩·大雅·雲漢》：“昊天上帝，則不我虞。”鄭箋：

　　　　　"虞，度也。"

　　　　《左傳·桓公十一年》："且日虞四邑之至也。"杜注：

　　　　"虞，度也。"

以上二例中的"虞"字，鄭玄和杜預各各都用"度"字去解釋，
我們閱讀時似乎有文義不定之感，這是由於鄭玄和杜預用"度"
這個概括的詞義去解釋的緣故。如果依照《廣雅》"虞，助也""
虞，望也"分別加以解釋，我們就會感到十分妥貼，因為"助"
和"望"二詞分別揭示了"虞"字在兩個不同的語言環境裡的具
體的含義。"助"和"望"都有"慮及"的意思，所以鄭、杜都用
"度"去解釋它們。

　　又如：

　　　　《詩·邶風·柏舟》："母也天只，不諒人只。"毛傳：

　　　　"諒，信也。母也天也，尚不信我。天，謂父也。"

"父"並非"天"這個詞的固有的意義；而毛傳以"父"釋"天"，就
是指出《柏舟》詩裡"天"的具體含義。因為在這首詩裡，先喚
母，後喚父，是人之常情，父又有天之威嚴，這裡喚天猶如喚父。
離開了《柏舟》詩的語言環境，"天"不能直接當"父"講。

　　實詞如此，虛詞亦如此。虛詞雖無詞匯意義，但有語法意義，
在語法意義上也有概括與具體之分。如《論語·憲問》："君子
恥其言而過其行。"其中"而"字起連接作用，這是概括的語法
意義；但在這個句子裡究竟起著怎樣的連接作用，這又是具體的

語法意義。朱熹《集注》："恥者不敢盡之意，過者欲有餘之詞。"看來朱熹是把"而"字當作並列連詞，因而以爲"恥其言"和"過其行"是兩個平列的結構。俞樾指出，此句"亦語平而意側"。皇侃《義疏》解作"君子恥其言之過其行也"。以"之"釋"而"，就揭示了"而"這個連詞的具體的語法意義，句意也就更明確了。

三、以今語釋古語

在古代訓詁材料中，最常見的內容就是以今語釋古語，即用當時人們所熟知的詞去解釋古代文獻中難知難懂的詞。如：

> 《詩·小雅·苕之華》："牂羊墳首，三星在罶。"毛傳："牂羊，牝羊也。墳，大也。罶，曲梁也，寡婦之筍也。"
> 《詩·小雅·賓之初筵》："百禮既至，有壬有林。"毛傳："壬，大；林，君也。"

在西漢時代，"牂、墳、罶、壬"，都已成古語，"林"的古義也不爲當時人所理解，所以《毛傳》用當時易知易懂的詞分別作了解釋。又如：

> 《爾雅·釋詁》："林、烝、天、帝、皇、王、后、群、公、侯，君也。""仇、讎、敵、妃、知、儀，匹也。"

這是把古代的一些同義詞或近義詞歸在一起，用一個西漢時通用的詞加以解釋。"烝"當君講的，如《詩·大雅、文王有聲》：
"文王烝哉。"毛傳："烝，君也。"鄭箋："誠得人君之道。"
"知"作"匹"解的，如《詩·檜風·隰有萇楚》："樂子之無
知。"《鄭箋》："知，匹也。"孔疏："樂其（少小）無妃匹
之意。"（今按：知，這裡指配偶，此由"相交曰知"之義引申
而來，如《楚辭·九歌》："樂莫樂兮新相知。"）"儀"作"匹"
解的，如《詩·鄘風·柏舟》："髧彼兩髦，實維我儀。"毛傳：
"儀，匹也。"

　　《爾雅·釋獸》："鼬，鼠。"郝懿行疏："今俗通呼黃
　　鼠狼。順天人呼黃鼬。"
　　《爾雅·釋鳥》"鳲鳩，鵠鵴。"郭璞注："今之布穀也，
　　江東呼爲穫穀。"

以"布穀"釋"鳲鳩"，是以晉代之"今語"訓先秦之"古語"；
以"黃鼠狼"釋"鼬"，是以清代之"今語"訓先秦之"古語"。

四、以通語釋方言

　　前面說過，方言的分歧造成語言的隔閡，因而也給古代的書
面語言帶來了障礙。所以，用當時的通語解釋古籍裡的方言詞語，
是訓詁的內容之一。例如：

　　《爾雅·釋詁》："瘵、瘼、癠，病也。"郭注："今江

東呼病曰瘵，東齊曰瘼。"

《説文·言部》："信，誠也。""訛，燕代東齊謂信'訛'。"

《詩·大雅·民勞》："戎雖小子，而式弘大。"《集傳》："戎，汝也。"

以上"瘵、瘼""訛""戎"都是方言詞語，分別用通語"病""信""汝"進行注釋。《方言》中這一類解釋更多，如：

黨、曉、哲，知也。楚謂之黨，或曰曉；齊宋之間謂之哲。

這是把同義或近義的方言詞匯集在一起，用一個當時通行的詞進行解釋。上例"知"字有"知"和"智"二義，"哲"爲智義，"曉"爲知義。"黨"就是"懂"，也是"知"的意思。又如：

《論語·八佾》："嗚呼，曾謂泰山不如林放乎？"《方言》卷十："曾、訾，何也。湘潭之原、荆之南鄙，謂何爲曾，或謂之訾，若中夏言何也。"

通過《方言》以通語"何"釋方言"曾"，我們就知道《論語》的"曾"是個疑問代詞，相當於"怎"。

以通語釋方言同以方言證古語，在方式上有些相似，其釋者和被釋者都是一爲通語或古語，一爲方言；但是目的不同，前者意在說明方言詞語在意義上相當於通語的某詞語，使方言與通語相通；後者卻是爲說明古語發展到當時，在方言中仍有遺留，表明方言是古語的地方變種，或者辨明古代事物在後代方言區的異名同實。就二者之間的關係來說，前者是橫的關係，後者是縱的關係。如《方言》卷五："扇，自關而東謂之箑。""扇"是通語，與方言"箑"在漢代是橫的關係。而郭璞注"今江東亦通名扇爲箑"，則是表明古方言"箑"到晉代依然沿用，這是縱的關係。

五、複語單義

"複語"是古代書面語言中常見的一種用詞通例，用今天的話來說，就是兩個意義相同或相近的詞平列構成的複合語。清初學者顧炎武已經注意到這種語言現象，他說："古經亦有重言之者，《書》'自朝至於日中昃，不遑暇食'，遑即暇也。《詩》'無已太康'，已即太也。"（《日知錄》卷二十四）這種"複語"僅僅是兩個同義詞的臨時組合，前後次序也可以調換，並沒有凝固成一個並列結構的合成詞。清末學者俞樾曾指出："古書中兩字一義者，往往有之。"（《古書疑義舉例》卷七）例如：

> 《史記·扁鵲倉公列傳》："良工取之，拙者疑殆，"王念孫《讀書雜志》卷三云："此殆字非危殆之殆，殆亦疑也。古人自有複語耳。"
>
> 《易·泰·象傳》："裁成天地之道，輔相天地之宜。"王引之"經義述聞"："裁之言載也，成也，裁與成同義而曰'裁成'；猶輔與相而曰'輔相'。"

《荀子·議兵》："圜居而方止，則若盤石然，觸之者角摧，案鹿埵隴種東籠而退耳。"郝懿行云："鹿埵、隴種、東籠，蓋皆摧敗披靡之貌。"（轉引自梁啓雄《荀子簡釋》）《周禮·春官·太史》："正歲年以敘事。"王引之曰："歲與年同義。"

前二例是兩個同義詞連用構成的複語，第三例是三個同義聯綿詞連用組成的複語。表面看來，這似乎不是解釋詞義；但是，指出古人行文的這一通例，就其目的和效果來說，都是使讀者準確地理解詞義。王引之就曾指出："古人訓詁不避重複，往往有平列二字上下同義者，解者分爲二義，反失其指。"（《經義述聞》卷三十二）例如：

《詩·小雅·節南山》："憂心如惔，不敢戲談。"鄭箋："不敢相戲而言語。"
《詩·大雅·板》："匪我言耄，爾用憂謔。"鄭箋："乃告汝用可憂之事，而汝反如戲謔。"
《史記·五帝本紀贊》："予觀春秋、國語……，顧弟弗深考。"《正義》："顧，念也；弟，且也。"

上面所引"戲談、憂謔"和"，顧弟"，鄭玄和張守節都分別當作兩個詞義來訓釋，其實是誤解。對於"戲談"，王引之指出："談亦戲也。《玉篇》《廣韻》並云：'談，戲調也。'關於"憂謔"，俞樾說："憂當爲優。《左傳·襄公六年》注：優，調戲

也。"至於"顧弟"，也是複語，都是"但"的意思。這些例子
從反面說明，由於古漢語單音詞往往一詞多義，而這種複語中的
兩個詞有不少原來並不是同義詞，只是在一定的上下文裡才同義，
因而指出這種複語是詞複而義單，其涵義與單用一詞並無二致，
實際上也就等於對這個"複語"的詞義進行了解釋。

六、連類而及

連類而及，在古代文獻特別是先秦典籍中屢見不鮮，也是古
代書面語言中一種常用的表達手法。其表現形式是兩個（或兩個
以上）意義相關的詞連在一起出現在文句中，但只用其中一個詞
表達意思。孔穎達曾就《左傳·襄公二年》"以索馬牛皆百匹"
一句云："牛當稱頭，而亦云匹者，因馬而名牛曰匹，兼言之耳。
經傳之文，此類多矣。"對於這種語言現象，清代學者閻若璩說
得很明白："古人文多連類而及之，因其一並及其一。"（《古
文尚書疏證》卷六）例如：

> 《左傳·昭公十三年》："鄭，伯男也，而使從公侯之貢，
> 懼弗給也。"孔疏："王肅注云，鄭伯爵而連'男'言之，
> 猶言曰'公侯'，足句辭也。"
> 《書·禹貢》："江漢朝宗於海。""伊、洛、瀍、澗，既
> 入於河。"閻若璩《古文尚書疏證》卷六之上云："漢入江，江
> 方入海，因江入海，漢亦同之。伊、瀍、澗悉入洛，洛方
> 入河，因洛入河，並及於伊、澗，皆連類之文也。"

《詩·召南·羔羊》："羔羊之皮，素絲五紽。"《毛傳》：
"小曰羔，大曰羊……古者素絲以英裘，不失其制，大夫
羔裘以居。"《孔疏》亦云："此說大夫之裘，宜直言羔
而已，兼言羊者，以羔亦是羊，故連言以協句。"

《詩·豳風·七月》："朋酒斯饗，曰殺羔羊。"《孔疏》：
"《王制》云：'大夫無故不殺羊。'是行禮飲酒有故得
用羊。"

在《羔羊》詩中，《毛傳》、《孔疏》都明確指出爲裘之物只是
"羔"而連及"羊"；在《七月》詩中，孔疏指明主說"羊"而
連及"羔"。這兩首詩，或言"羔"，或言"羊"，所取不同，
都是只用其一，連而言及其二。

西漢及漢以後的文獻中出現了反義詞的連及現象。楊樹達在
其《漢文文言修辭學》一書中指出："此種對待之辭，一正一負，
連類用時，往往意在負而連及其正。"如"緩急"主"急"，"利
害"主"害"，"得失"主"失"，"禍福"主"禍"。這就是
一般常說的"偏義複詞"。如：

①緩急，人之所時有也。（《史記·游俠列傳》）

②多人不能無生得失。（《刺客列傳》）

③快耳目者，眞秦聲也。（《李斯列傳》）

④安知非日月，弦望自有時。（《古詩》）

連及手法的使用有其消極的一面，就是概念顯得模糊，容易

引起誤解。如“玩於股掌之上”，這是常語，郝懿行認爲“股”爲“般”字之誤，“般掌”即山東方言之“巴掌”。其實“股掌”是說“掌”而連及“股”。由此看來，指出“連類而及”這種表達的特點，同樣能起到解釋詞義的作用，經注家這麼一說明，連及的詞義明確了，讀者也就不會誤解了。

七、辨析詞義

過去的訓詁家在解釋詞義時，不是直接揭示某個詞語的涵義，而是把若干個意義相同或相近的詞排列在一起加以辨別和分析，指出其同中有異或異中有同。應該說，這是更深入的詞義訓釋。例如：

《詩·大雅》毛傳：“直言曰言，論難曰語。”

《周禮》鄭注：“德、行，內外之稱，在心爲德，施之爲行。”

《論語·子罕》鄭注：“病，謂疾加也。”

《爾雅·釋詁》：“懷、惟、慮、願、念、怒，思也。”郝疏：“懷，念思也；慮，謀思也；願，欲思也；念，常思也。”

《說文·耳部》：“聞，知聲也。”段注：“往曰聽，來曰聞。《大學》曰：‘心不在焉，聽而不聞。’”

例一，毛亨指出了“言”和“語”這兩個同義詞的細微差別：言是直接說話，語是辨論是非。例二，鄭玄以爲"德"和"行"這兩個同義詞的區別在於：一是指內在的意識，一是指外在的品行。例三，鄭玄從程度上揭示了"疾"和"病"有輕重之別。例四，郝懿行從特定的內容上指明了"懷、慮、願、念"四個同義詞的區別。例五，段玉裁的注釋表明，"聽"爲主動，"聞"爲被動，同中有別。

第二節　文意訓釋

文意訓釋是在詞義解釋的基礎上，具體講解句、段、章的思想內容的。它包括串講大意、分析句讀、闡述語法、顯示修辭等方面的內容。

一、串講大意

串講大意是指在一句或幾句甚至全章之後把大意整個地講解一下。其目的是使全文各章節的文意更加顯明，幫助讀者全面而完整地理解原文。串講和釋詞二者往往互相補充，互相發明。

> 《孟子·梁惠王上》："孟子見梁惠王，王立於沼上，顧鴻雁麋鹿，曰：'賢者亦樂此乎？'"趙岐《章句》："沼，池也。王好廣苑囿，大池沼，與孟子游觀，顧視禽獸之眾多，心以爲娛樂，誇吒孟子曰：'賢者亦樂此乎？'"

趙岐在解釋了"沼"字以後，緊接著就是一段串講。當然在串講當中，也有對某些詞語的解釋。如"顧視禽獸之眾多"一句裡的"顧視"，實際上就是對"顧鴻雁麋鹿"裡的"顧"字進行了解釋。但是，其著重點不在釋詞，而在通過串講使文意更加清楚。

這樣的串讀，在《詩·毛傳》裡已開其先導了。例如：

> 《詩·邶風·綠衣》："心之憂矣，曷維其已。"毛傳：
> "憂雖欲自止，何時能止也？"

這是串講詩意，有些類似於今天的意譯；不過其中也包括了對詞語的解釋，如以"何時"訓"曷"，以"止"訓"已"。

> 《詩·衛風·伯兮》："自伯之東，首如飛蓬。"毛傳：
> "婦人，夫不在，無容飾。"

對這兩句詩，毛亨只串講文意，沒有解釋詞義；因為兩句八字，詞義易懂，不需要逐字解釋。通過毛亨的串講，讀者對這兩句詩自會有進一步的理解。

> 《詩·小雅·采薇》："……昔我往矣，楊柳依依。今我
> 來思，雨雪霏霏。行道遲遲，載渴載飢。我心傷悲，莫知
> 我哀。"鄭箋："上三章言戍役，次二章言將率之行，故
> 此章重序其往反之時，極言其苦以說之。"

《采薇》一詩共六章，這裡引用的是最後一章。鄭玄在這裡是就此詩各章的旨意作了簡括的說明，有提綱挈領的作用。

唐人孔穎達、賈公彥等《正義》對經典的大段串講隨處可見，可參看《十三經注疏》。這裡不再贅引了。

二、分析句讀

今人所謂標點，古人稱作"句讀"。析句離章，古人把它看作是讀書之本。這是因爲句讀的正確與否，體現了對詞義、句意理解得正確與否。《禮記·學記》篇說："一年視離經辨志。"把分析古書的句讀列爲教和學的基本內容之一。所謂"離經"，即點斷文章的句讀；所謂"辨志"，即審明文章的思想內容。鄭玄的箋注對於句讀有誤常叱之以"不辭"。"不辭"就是"不成話"。因此，分析句讀實質上就是訓釋文意。

> 《周禮·天官·宮正》："春秋以木鐸脩火禁凡邦之事蹕宮中廟中則執燭。"鄭玄注："鄭司農讀火絕之，云'禁凡邦之事蹕'。玄謂：事，祭事也。邦之祭社稷於宮中，祭先公、先王於廟中。隸僕掌蹕止行者，宮正則執燭以爲明。"

鄭玄的這一段注文，主要是指出鄭司農斷句的錯誤。"讀火絕之"，又云"禁凡邦之事蹕"，說明鄭司農將上引一段話斷成三句："春秋以木鐸脩火，禁凡邦之事蹕，宮中廟中則執燭。"這樣，"宮正"（王宮的總管）有三項職責，即：脩火，禁踽事（踽，禁止人通行），執燭。鄭玄認為鄭司農所斷不合文意，對"事"字的解釋亦含混，掌踽事的是隸僕而不是宮正。這是說應作兩句斷開："春秋以木鐸脩火禁。凡邦之事踽，宮中廟中則執燭。"這樣一來，宮正有兩個職責：一是"脩火禁"，即謹愼地執行防火的禁令；二是"執燭"，即王在宮中廟中祭祀時，宮正執燭以爲明。鄭玄的句讀是對的。《周禮》一書屢見"脩火禁"之事，是"火禁"連文的證明。據《周禮·隸僕》："隸僕掌踽宮中之事。"可見宮正並不主踽事。《左傳》有"國之大事，唯祀與戎"的說法，這裡的"凡邦之事"顯然專指祭祀，所以鄭注云"事，祭事也。"（參見陸宗達《訓詁簡論》24-25頁）

> 《禮記·檀弓》："孔子少孤，不知其墓。殯於五父之衢。人之見之者，皆以爲葬也。其愼也，蓋殯也。問於郰曼父之母，然後得合葬於防。"鄭玄於"不知其墓"下注云："孔子之父郰叔梁紇與顏氏之女徵在，野合而生孔子。徵在恥焉，不告。"

鄭玄讀"不知其墓"爲句，便不免傅會以自圓其說。句讀既已弄錯，事實也就隨著歪曲了。清人孫鏗人著《檀弓論文》，以爲"不知其墓殯於五父之衢"十字爲一句。據此，那段文字是說：孔子幼時死了父親，他不了解父親的墓是深葬還是淺葬（殯是淺葬）；爲審愼起見，他從一老年婦女處得知確係淺葬，然後啓殯，把父母合葬於防。孫氏斷句，便覺怡然理順（參看張舜徽《中國古代史籍校讀法》17－18頁）。

　　句讀不分，文意不定。有時，一字可以連上讀，也可以往下屬，由於一二字之游移，就會根本改變原文的意思。例如：

　　　　《左傳・僖公廿五年》："昔趙衰以壺餐從徑，餒而弗食。"
　　　　《經典釋文》："一讀'以壺餐從'絕句，讀'徑'爲'經'，連下爲句，乖於社義。"

杜預釋"徑"猶"行"，意思就跟另一種斷法不同。

　　　　《論語・學而》："有子曰：'禮之用，和爲貴。先王之道，斯爲美。小大由之。有所不行，知和而和，不以禮節之，亦不可行也。'"朱注："如此，而復有所不行者，以其徒知和之爲貴，而一於和，不復以禮節之，則亦非復禮之本然矣，所以流蕩忘返而亦不可行也。"崔述《論語餘說》云：明清蒙師讀"知和而和"四字句，誤。依朱熹注，應讀"知和"一逗，"而和"連下讀。

其實，崔述自己誤解了朱熹的注文。朱意謂"徒知和之爲貴而一於和"，是把"知和而和"的第二個"和"字看成動詞，應作一句斷開才是。

三、闡述語法

　　舊訓詁對詞句的語法分析比較粗疏、零散。訓詁專書一般只限於收錄一些虛詞，至於句法則幾乎是空白的。但是古代的傳注，在解釋詞義之外，有關虛詞和語序的說明及解釋還是屢屢可見。這些雖然不完整，不成系統，但依然能夠幫助讀者了解句子的結構和語氣。

　　　　《詩·周南·麟之趾》："於嗟麟兮！"毛傳："於嗟，
　　　　嘆詞。"

這是解釋虛詞。

　　　　《詩·小雅·常棣》："原隰裒矣，兄弟求矣。"毛傳：
　　　　"求矣，言求兄弟也。"

這是說明語序。"原隰裒矣，兄弟求矣"，在形式上似乎是對偶句，但毛亨指出，其結構並不一樣。前句毛亨未加說明，是按原來的主謂結構去理解，後句毛亨說是"求兄弟也"，應按動賓結構去理解。

　　　　《詩·鄭風·揚之水》："揚之水，不流束楚。"毛傳：
　　　　"激揚之水可謂不能流漂束楚乎？"

這是指點語氣。毛亨無異告訴讀者，那七個字為了適應詩的格律，雖然要在中間作語音的停頓，但其文義卻是上下連貫，不能截斷；

而且還點明，這不是敘述句，而是反問句，加上"可謂……乎"，
即表達了反問的語氣。由此可知，詩文中，反問句以省略語氣詞
爲常。

　　《春秋》："襄公二十有五年，吳子遏伐楚，門於巢卒。"
　　《公羊傳》："門於巢卒者何？入門乎巢而卒。入門乎巢
　　而卒者何？入巢之門而卒也。"

這實際上是通過句式的更換，指出"門"字是名詞用作動詞，是
"入門"的意思。

　　《左傳·哀公十三年》："諺所謂'室於怒，市於色'者，
　　楚之謂矣。"杜預注："言靈王怒吳子而執其弟，猶人忿
　　於室家而作色於市人。"

這是通過串講點明了一種特殊的語序顛倒的現象，很能幫助我們
理解原句的意思。

　　《呂氏春秋·期賢》："然則君何不相之。"高誘注：
　　"何不以段木干爲相也。"

這個注釋表明，舊訓詁家已經意識到名詞用如意動的語法現象。

　　《詩·周南·汝墳》："既見君子，不我遐棄。"《正義》：

"不我遐棄，猶云不遐棄我也。古之人語多倒。詩之此類
眾矣。"

孔穎達在這裡明確指出了上古否定句語序的特點，對我們弄懂句
義無疑是很有幫助的。

舊時訓詁，實詞必注，虛詞從略，尤其是助詞，僅以"語辭"、
"辭也"一語帶過。如《毛詩正義》："思，語辭，不爲義。"
"或假辭以爲助者，乎、而、只、且之類也。"

以上例子說明，古人雖無語法述語，然確有語法意識。像這
樣的材料如能加以分析整理，對於古漢語語法發展規律的研究將
有不少實際的幫助。

四、顯示修辭

說明修辭手段，也是訓詁中常見的一個內容。它的作用往往
是加深讀者對文意的理解。

《詩·小雅·鶴鳴》："鶴鳴於九皋，聲聞於野。"毛傳：
"興也。皋，澤也。言身隱而名顯也。"

"興"是詩三百篇的寫作手法之一，即先言他物以引起所詠之物。
因爲這種表現手法比較深婉，所以毛亨特意標明一下，指出這兩
句起興是用來比喻賢人隱居荒野，他的名聲卻仍然傳之遠地。

《詩・小雅・車攻》："蕭蕭馬鳴，悠悠斾旌。"毛傳：
"言不喧嘩也。"

毛亨在這裡點明詩的言外之意：表面上是寫馬鳴旗飄，實際上是
烘托征人出征時的蕭穆氣氛。

《詩・小雅・苕之華》："牂羊墳首，三星在罶。"毛傳：
"牂羊墳首，言無是道也；三星在罶，言不可久也。"鄭
箋云："無是道者，喻周已衰，求其復興不可得也；不可
久者，喻周將亡，如心星之光耀見於魚笱之中，其去須臾
也。"

通過毛亨和鄭玄的解釋，我們才真正弄明白了原詩的含義。原來
前句如同今天所謂的"歇後語"，後句用的是借喻手法。

訓釋文意，若是拘泥故訓，不顧修辭，反而會游離於上下文，
違背原來意旨。如：

《左傳・哀公廿五年》："是食言多矣，能無肥乎？"沈
欽韓《左傳補注》引《爾雅》："食，偽也。"

沈氏以為"食言"即"偽言"，就是說假話，似乎持之有故；但
是聯繫全句就講不通，釋"食"為"偽"，與下文"肥"字又如
何相應？杜預以"消"注"食"，邢昺《爾雅注疏》引杜注並進
而疏曰："言而不行，如食之消盡。後終不行，前言為偽，故通

謂僞言爲食言。"邢氏注疏實際上點明"食言"是形象性的說法，是一種修辭，意謂說出來的話又將它吃下消盡，所以下文接著反問"能無肥乎？"邢疏爲得其旨。可見，不明修辭，反會釋詞忘義。

第三節　注音、校勘及其他

前兩節所介紹的詞義解釋和文意訓釋，在訓詁的內容上都屬於釋義。除此以外，還有注音、校勘兩大項以及考證名物、詮解典故、發明條例等。現分別加以說明。

一、注音

古代訓詁在注明字音時，早期用譬況、讀若、直音等方法。例如：

《淮南子·本經訓》高誘注："滕，讀近殆，緩氣言之。"
又《地形訓》高誘注："旄，讀近綢繆之繆，急氣言乃得之。"
《説文·玉部》："瑰，讀若蔥"。
又《艸部》："菥，讀若酉。"
《漢書·高帝紀》蘇林注："邯，音酒酣之酣。"服虔注："酈食其，音歷異基。"

前二例用的是譬況法，所謂“緩氣言之”“急氣言”是指發音方法，今天看來是很不明確了。中二例是用訓詁述語“讀若”注音，有的完全同音，有的讀音相近。末一例用的是直音法；李鄰《切韻考》云：“今直音與古人讀若不同，古人讀若取其近似，今直音非確不可。”

　　直音法，就是用同音字注音。這種方法局限性很大，後來訓詁家就逐漸用反切來注音了。例如：

> 《詩·小雅·苕之華》：“牂羊墳首，三星在罶。”毛傳：“牂羊，牝羊也。”《釋文》：“牂，子桑反。墳，扶云反。牝，頻忍反。”
>
> 《文選·鄒陽獄中上梁王書》：“昔者司馬喜臏（鼻引）腳於宋。”
>
> 《禮記·大學》：“所謂誠其意者，毋自欺也，如惡惡臭，如好好色。”《釋文》：“惡惡，上烏路反，下如字。好好，上呼報反，下如字。”
>
> 《論語·微子》：“四體不勤，五穀不分。”《釋文》：“不分，包雲如字，鄭扶問反，云‘猶理’。”

反切是古代的一種拼音方法，簡稱“反”或“切”。這種方法是上字取其聲母，下字取其韻母（包括四聲），聲母和韻母合在一起，得出被切字的讀音。不過，反切法沒有今天的拼音那樣便捷，加上古今字音變化，頗不容易掌握。例一，“牂，子桑反”、“墳，扶雲反”是注詩文裡“牂”“墳”二字的音，而“頻忍反”是注

《毛傳》裡"牝"字的音。例二"鼻引"即"鼻引切"，是注"膾"字的音（"鼻引"二字，原文以小字印出，不加圓括號）。

關於注音，有一個術語需要提出來說一說，那就是"如字"。古代訓詁注以"如字"，通常是告訴讀者，在這特定的上下文裡，這個字要照它本來的讀音讀。如例三是說，第一個"惡"字讀"烏路反"，是去聲，第二個"惡"字要讀它本來的音，即惡劣的"惡"，舊讀入聲；第一個"好"字讀"呼報反"，是去聲，第二個"好"字要讀它本來的音，即美好的"好"，是上聲。例四"不分"的"分"，包注"如字"，鄭注"扶問反"，這表明"分"字在這特定的上下文裡，有平聲的讀法，又有去聲的讀法。包、鄭兩家的讀音，反映了對"分"字的不同的理解，讀平聲是"分別"的意思，讀去聲是"治理"（耕種）的意思。既然漢字音讀不固定，古籍中便出現注音的複雜情況。因此，在翻檢舊辭書時，不要看到第一個反切就用，而要慎重選擇。

二、校勘

校勘有廣狹二義：狹義指對文字的訂正和考異，廣義則包括對古書的辨偽和輯佚。這裡介紹的是狹義的校勘，諸如校訂錯字，乙正錯簡，刪削衍文，補綴脫文，比較異同等。例如：

> 《論語·微子》："子路曰：'不仕無義。……'"朱熹《集注》："福州有國初時寫本，'路'下有'反子'二字。以此爲'子路反'而夫子'言'之也，未知是否。"

《荀子·成相》："上能尊主愛下民。"王念孫《讀書雜志》："'愛下民'當作'下愛民'，與'上能尊主'對文。《不苟》《臣道》二篇並云'上則能尊君，下則能愛民'，是其證。"（第十二冊）

《漢書·蘇武傳》："乃幽武置大窖中，絕不飲食。"《讀書雜志》："此本作'絕不與飲食'，師古所見本脫'與'字，則義不可通。……舊本《北堂書鈔·設官部》十五、《服飾部》三，《藝文類聚·天部下》，《太平御覽·天部》十二、《人事部》百二十七、《服用部》十，引此皆作'絕不與飲食'，是諸家所見本，皆與師古異也。……今據以訂正。"

《管子·霸言》："故貴爲天子，富有天下，而伐不謂貪者，其大計存也。"俞樾《古書疑義舉例》："伐乃代字之誤。《管子》原文作'世不謂貪'，言一世之人不以爲貪也。唐人避諱，改世爲代，後人傳寫又誤代爲伐。"

例一是用對校法比較異同，一時還不能校正。所謂對校，是用同書的祖本或別本互相對勘。例二是用本校法乙正錯簡，指明原句"愛下民"當倒置爲"下愛民"。所謂本校，是用本書的前後文字互證，斷定其中的錯誤。例三是用他較法補綴脫文。所謂他校，是用他書勘定本書。凡本書有采自前人者，可據前人之書校之；有爲後人引用者，可據後人之書校之；其史料事實有爲同時之書所並載者，可據同時或同性質之書校之。例四是用理校法訂正錯字。所謂理校，是根據文字、音韻、語法，文理等規律來推測其訛誤。

校勘之法雖有四種，但實際上經常參合使用。如今本《戰國策·趙策》有“左師觸讋願見太后”一句，清代著名訓詁學家王念孫在《讀書雜志》一書中，還用各種校勘方法和大量確鑿的證據考定“龍、言二字誤合爲讋”：

> 念孫案：此《策》（指古本《戰國策·趙策》）及《趙世家》（指《史記·趙世家》）皆作“左師觸龍言願見太后”，今本龍、言二字誤合爲讋耳。太后聞觸龍願見之言，故盛氣以待之，若無“言”字，則文義不明。據姚云“一本無言字”，則姚本有“言”字明矣，而今刻姚本亦無言字，則後人依鮑本改之也。《漢書·古今人表》正作“左師觸龍”，又《荀子·議兵篇》注曰“《戰國策》趙有左師觸龍”，《太平御覽·人事部》引此《策》曰“左師觸龍言願見”，皆其明證矣。又《荀子·臣道篇》曰：“若曹觸龍之於紂者，可謂國賊矣。”《史記·高祖功臣侯者表》有“臨轅夷侯戚觸龍”，《惠景間侯者表》有“山都敬侯王觸龍”，是古人多以觸龍爲名，未有名讋者。

王氏用今本同古本相比較，用鮑（彪）本和姚（宏）本相對勘，這是對校法；據文理指出“若無言字，則文義不明”，這是理校法；又拿《史記》《漢書》《荀子》《太平御覽》等書相印證，這是他校法。正因爲王氏參合運用各種校勘方法，既有本證，又有佐證，因而持之有故，言之成理。一九七三年長沙馬王堆三號漢墓出土的帛書《戰國策》證明，王氏的推論是完全正確的。顏之推說：“校定書籍，亦何容易，自揚雄、劉向方稱此職耳。觀天下書未遍，不得妄下雌黃。或彼以爲非，此以爲是；或本同末異，或兩失皆欠；不可偏一隅也。”（《顏氏家訓·勉學篇》）這說明校勘是件艱難的工作，不僅需要認眞細緻的態度和作風，而且要具有一定的學識和才思。

三、其他

古代注疏所涉及的內容，細說起來很多，諸如考證名物、詮解典故、發明條例等等，這裡不可能作全面介紹，只能舉些例子以示一斑。

> 《禮記·中庸》：“武王壹戎衣而有天下。”鄭注：“衣，讀如殷，聲之誤也。齊人言殷聲如衣。”

鄭玄所作的是考證古音的工作。漢時通語“衣”和“殷”已分屬兩部，鄭玄在注中用齊方言證明上古時二字讀音相近（微、文“陰陽對轉”），所以“殷”寫作“衣”。

> 《說文·禾部》：“穎，禾末也，從禾頃聲。詩曰‘禾穎穟穟’。”段注：“《大雅·生民》文，今詩作‘禾役’。役者，穎之假借字。古支耕合韻之理也。”

段玉裁通過對"穎"和"役"二字古音的考證，說明它們之所以能夠通假的道理。他是說"穎"屬耕部字，"役"屬支部字，在上古時耕支二部合韻，"穎""役"二字音同，所以"禾穎"又寫作"禾役"。

> 《說文·受部》："孚，五指孚也。"段注："按孚與捊
> 各字。……凡今俗用五指持物引取之曰孚。《廣韻》曰：
> '今孚禾是'是也。《芣苢》'薄言捋之'，說者謂取其
> 子。假令謂取其子，則當作'孚'。"

段氏是用當時的方言俗語來考證"孚"字的古義，這就變得容易理解了。

> 《詩·小雅·苕之華》："苕之華，芸其黃矣。"孔疏：
> "《釋草》云：'苕，陵苕。黃華，蔈；白華，茇。'舍
> 人曰：'苕，陵苕也。黃華名蔈；白華名茇。別華色之名
> 也。'……陸機疏云：'一名鼠尾，生下濕水中，七八月
> 中華紫，似今紫草。華可染皂，煮以沐髮即黑。'"。

孔穎達所作的是考證名物的工作。他引《爾雅·釋草》所載、舍人所言、陸機所云，說明詩中之"苕"的別名、華色和習性。

> 《周禮·春官·典瑞》："珍圭以徵守。"鄭注："杜子
> 春云，若今時郡守以竹使符也。"

這也屬於考證名物，即指出古代的“珍圭”相當於漢時的符節。

　　《文選·登樓賦》：“昔仲尼之在陳兮，有歸歟之嘆音。”
　　李善注：“《左氏傳》曰：孔丘卒，公誄之曰‘尼父，無
　　自律’。《論語》曰：子在陳，曰‘歸歟，歸歟！’”

原文在詞語上沒有什麼障礙，障礙只在用典上，所以注家只就典
故進行注解。章太炎指出，“故”有故訓和故事兩種，故訓用以
釋義，故事用以記事。詮解典故似乎屬於故事一類。

　　《説文解字·一部》注：“凡注言‘一部、二部’以至‘十
　　七部’者，謂古韻也”“元”下注云：“凡言‘從某某聲’
　　者，謂於六書爲形聲也”。“文五重一”下注云：“凡部之
　　先後，以形之相近者爲次。凡每部中字之先後，以義之相
　　引爲次。……”

這屬於發明條例，即指出某部書行文、編排上的某些特點和規律。
指出條例，有助於讀者更有效地通讀全書。

第四章　訓詁的方法

　　訓詁學的一個重要任務，就是總結前人的訓詁方法。前一章說過，詞義解釋是訓詁的基礎和核心，前人對此極爲重視。這一章所說的訓詁方法，專指詞義解釋的方法。

　　大家知道，語言是語音和語義的結合體，文字是記錄語言的書寫符號。而古代漢語以單音節詞爲主，用漢字記載的古代漢語書面語言，基本上一個字就是一個詞。因此，古代書面語言裡的詞，除了固有的音和義兩個要素之外，還加上一個"形"的外在要素。前人訓詁著眼於字，因而很早以前就從字的形、音、義三個方面創造了多種詞義解釋的方法。長期的訓詁實踐表明，前人所創造的那些釋詞的方法，不僅有助於閱讀古籍，讀通舊注，而且有不少還能吸收來爲今天的古文教學、詞書編纂、古籍整理等文化教育工作服務。

第一節　以形說義

一、以形說義的方式

　　以形說義，舊稱形訓，就是通過對漢字形體的分析來解釋字義，從而探明詞義的方法。漢字是以象形爲基礎發展起來的表意文字，其形體和意義有密切的關係，因而造字時的基本意義往往可以從字形的探討、分析中顯示出來。這種方法，早在訓詁萌芽時期就已經出現了。如《左傳》中"止戈爲武"、"皿蟲爲蠱"，《韓非子》中"自環爲厶，背厶爲公"等，是人們熟知的例子。當然，那些有關字形的分析，是作者用來闡明自己的某個論點的，帶有很強的主觀色彩，並不符合造字時的原意，不過使用的還是以形說義的方法。

直到東漢的許慎，他根據師傳的"六書"理論，在《說文解字》這部專著裡，全面而系統地運用了形訓的方法。例如：

气　云氣也。象形。（气部）

王　石之美有五德者。象三玉之連，丨其貫也。（玉部）

原　水原也。象水流出成川形。（泉部）

二　高也。此古文上，指事也。（上部）

甘　美也。從口含一；一，道也。（甘部）

寸　十分也。人手卻一寸動脈謂之寸口，從又一。（寸部）

企　舉踵也。從人止。（人部）

采　捋取也。從木從爪。（木部）

戒　警也。從廾戈，持戈以戒不虞。（収部）

術　邑中道也。從行术聲。（行部）

窮　窮也。從穴弓聲。

咊　相應也。從口禾聲。

許慎是通過字形結構的分析來說解字義的。如"气、玉、泉"三字，指明是"象形"或"象某形"；"上、甘、寸"三字，指明是"指事"，或用"從某某"表明是指事；"企、采、戒"三字，用"從某從某"或"從某某"表明是會意；"術、穹、和"三字，用"從某某聲"表明是形聲。象形字是用形象性的輪廓或符號來顯示意義，指事字是用抽象性的符合或在象形字的基礎上加抽象性的符號來顯示意義，它們都是獨體字，其形體不能再拆開分析。會意字是匯合兩個或兩個以上的獨體字來顯示意義，形聲字是用一個形體表示讀音、用一個形體表示意義範疇，它們都是合體字，其形體可以再拆開分析。可見，象形、指事、會意三書，見其形則知其義；形聲一書，見義符則知其意義範疇。至於轉注，一般把它看成是同義字的互訓；假借，則是同音字的代替。因此，段玉裁才說："形在而聲在焉，形、聲在而義在焉。"（《說文解字·司部》"詞"字注）

二、以形說義的作用

解釋古書字詞，恰當地運用以形說義的方法，能夠把字詞的意義說得清楚明瞭。例如：

①未幾，敵兵果舁炮至。（《清稗類鈔·馮婉貞勝英人於謝莊》）
②雖及胡耇，獲則取之，何有於二毛？（《左傳·僖公廿二年》）
③先帝不以臣卑鄙，猥自枉屈，三顧臣於草廬之中。
（《三國志·諸葛亮傳》）

例①"舁"，一般選本都注為"抬"。查《說文解字》，原來"舁"

字的上下兩個部分各是一雙手的象形，是"以手共舉"的意思。用白話來說，"共舉"就是"抬"。例②"取"，有的選本注爲"獲取"。"取"與"獲"是同義詞，但引例中用"而"字連接，是否同一個動作？《說文·又部》云："取，捕取也。從又耳。"《周禮》："'獲者取左耳。'司馬法曰：'載獻馘。'馘者，耳也。"許慎引《周禮》和司馬法，說明"取"字"從耳"之意；"從又耳"，就是以手取耳的意思。這樣說來，"獲"是俘獲，"取"是割耳，是兩個不同的動作。例③"卑鄙"，是諸葛亮的謙辭，是兩個含義不同的詞："卑"是"低下"，指地位而言；"鄙"是"鄙賤"，就出身而說。這兒的"卑鄙"與《史記·廉頗藺相如列傳》裡廉頗所說"鄙賤之人"的"鄙賤"義近。那麼，"鄙"字又何以知道具有"鄙賤"的意思呢？據《說文·邑部》："五鄙爲鄙，從邑，啚聲。"（按："百家爲鄙"。）這個分析雖不十分恰當，但指明此字原表示城邑，是人所居住之地。《禮記·月令》鄭注即釋"鄙"爲"界上邑"。其左半邊的"啚"字，據楊樹達先生的分析，上邊的"口"表示城邑的外圍，跟"邑"字的上半部和"國"字的外形所表示的一樣，而其下邊那個形體（啚）是"倉廩"的"廩"的最初象形字（倉）後來加"广"加"禾"，才成了"廩"。顯而易見，"鄙"是倉廩之所在的"邊邑"（邊界上的城邑）；與"鄙"相對的是"都"（即作爲一國之中心的都城）。一般說來，國都奢華，鄉邑簡陋，因而"都"有盛大、華美、閑雅等引申義，而"鄙"有狹小、粗劣、俚俗等引申義（參見《積微居小學述林》卷二）。像這樣解說詞義，有根有據，因而具有說服力。這是以形說義的第一個作用。

　　以形說義的第二個作用在於揭示詞的本義,由此出發,探明詞的引申義,從而整理出各個詞的詞義系統,以便於學習和掌握。上面說到"鄙"字,它的本義是"邊邑",由此引申出"邊鄙""鄙陋""鄙賤"等義,再由"鄙賤"義引申出今天的"卑鄙"義。下面以"要"和"節"二字爲例,進行比較具體的分析。先看"要"字。

　　①昔楚靈王好士細要。(《墨子·兼愛中》)

　　②是全要領以從先大夫於九京(即九泉)也。(《禮記·檀弓》)

　　③使數人要於路。(《孟子·公孫丑下》)

　　④便要還家,設酒殺雞作食。(陶淵明《桃花源記》)

　　⑤雖曰不要君,吾不信也。(《論語·憲問》)

　　⑥然後知秉要執本。(《漢書·藝文志》)

　　⑦騫自月支至大夏,竟不能得月支要領。(《漢書·張騫傳》)

　　⑧故爲情者要約而寫眞,爲文者淫麗而煩濫。(《文心雕龍·情采》)

以上例句裡的"要"字,各有不同的意義。這些意義之間是有聯繫的,其聯繫中心就是由"要"字的形體體現出來的本義。《說文·臼部》:"要,身中也。像人要自臼之形,從臼。"(按:"臼"像左右手相向。)原來"要"即"腰","身腰"是其本義。例①"細要"就是"細腰",例②"要領"就是"身腰和頸脖",用的都是本義。"身中"引申爲"中間",用作動詞即"中途攔截",如例③;又引申爲"迎住""邀請",如例④;由"中途攔截"引申爲"要挾"，如例⑤。"身中"是重要部位，引申爲"重要的東西"、"要點"，例⑥"秉要"就是"抓住要點"，例⑦"要領"是用來比喻"主要的情況"，例⑧"要"用作形容詞即"簡要"。

再看"節"字。《說文》："節，竹約也，從竹即聲。"（節，簡化作"节"）它的本義是"竹節"。人和動物的骨胳關節與"竹節"外形相似，也稱"節"。古代常用竹子刻字作憑證信約，這種憑證信約也叫"節"，即所謂"符節"。外交人員出使須持節，故稱持節者爲節，即"使節"。"節"是憑證信約，也就具有一種約束力（段注："竹節如纏束之狀。"），因而行動上的約束爲"節制""禮節"，使用財物上的約束爲"節儉""節約"，音樂演奏上的約束爲"節拍""節奏"，時令上的約束爲"節氣"。人在社會生活中也有一種道德上的約束，這種約束就是"節操""氣節"。過去稱婦女守寡叫"守節"，也是約束婦女的一種封建道德準則。掌握了"節"字的詞義系統，下列各句裡的"節"字就不難理解了：

①彼節者有間，而刀刃者無厚。（《莊子·養生主》）

②司馬握節以死。（《左傳·文公八年》）

③好惡無節於內。（《禮記·樂記》）

④節用而愛人。（《論語·學而》）

⑤薄湊會而凌節兮。（《文選·長笛賦》）

⑥聖達節，次守節，下失節。（《左傳·成公十五年》）

　　此外，以形說義的方法對於辨認古文字也是有實用價值的。下面還要涉及，這裡就不細說了。

三、以形説義的局限

　　古代漢語的詞義，可以從記錄它的漢字形體中去探索。但這裡說的形體，必須是早期漢字如甲骨文、鐘鼎文和篆文的形體，因爲早期的漢字是形義統一的。許慎在《說文解字·敘》裡指出："及孔子書六經，左丘明述春秋傳，皆以古文，厥意可得而說。"這是說，早期"古文"的形體可以直接用它體現的意義來解說。《說文》用以說解字義的是圓轉的小篆。小篆的字形結構大多保存了造字當初的意義，如前面提到的若干字例。後來，由於文字的發展，形體幾經變化，形成了並不體現什麼含義的點、橫、豎、撇、捺、鉤等筆劃，字形與字義的聯繫逐步隔斷，因而也就很難從中觀察出詞的本義。對於形體已經發生很大變化的漢字，形訓法自然受到局限，用得不好就容易產生臆說。就是許慎所用的小篆，有的字形結構也失去了造字當初的意義，因而在解說時不能沒有失誤。例如：

　　　《説文·一部》："元（元），始也，從一兀聲。"

王國維指出："兀，從几，古文奇字人也；一，指其首。元則兀上有一，一亦以指事，猶金文天字……。故天元古或同意。"王氏沒有拘泥於小篆形體，而是聯繫早期的金文，因而他的分析比許氏進了一步。其實"元"字甲骨文作 �361，是一側面人形，上著明其頭腦。可見"元"字的本義是"首"，這可以從先秦典籍中得到證明：

> 《左傳·僖公三十三年》："〔先軫〕免冑入狄師，死焉。狄人歸其元，面如生。"
> 《孟子·萬章下》："志士不忘在溝壑，勇士不忘喪其元。"

首為人之始，故"元"引申為"始"義。許慎所釋乃是"元"字的引申義。

> 《說文·行部》："行（行），人之步趨也。從行。"

許慎依據小篆形體，釋"行"為"步趨"（即"行走"）。行，甲骨文作 𠂤，金文亦同，像十字路口。因此，"行"的本義應是"道路"。試看先秦文獻：

> 《詩·周南·卷耳》："采采卷耳，不盈頃筐。嗟我懷人，寘彼周行。"
> 《詩·豳風·七月》："女執懿筐，遵彼微行，爰求柔桑。"

"周行"即"大道"，"微行"即"小路"。《說文》從"行"的字，如"術"（邑中道）、"街"（四通道）、"衝"（通道）等，都同"道路"有關。"行走"是"行"字的引申義，後成為常用義，但不是本義。

> 《説文·桀部》："箖（乘），覆也，從入桀。桀，黠也。"

許慎本來就講得模模糊糊，段玉裁仍守許説："《方言》'黠，
慧也'，……入桀者，謂籠罩桀黠。""入桀者，以弱勝強。"
朱駿聲《説文通訓定聲》以為"乘"假借為"勝"。其實"乘"，
金文作柔，像人雙足登木樹上，這是本義。秦漢文獻中有不少這
樣的例證：

> 《詩·七月》："亟其乘屋。"
> 《禮記·月令》："天子始乘舟。"
> 《史記·高帝本紀》："堅守乘城。"

上引三例的"乘"字都是"登"的意思。由"登"義引申出"勝"
義，是十分自然的。

　　其次，漢字具有表意性，一個字的本義往往就是它早先所記
寫的那個詞的本義；但是，在漢字的長期發展過程中，其形、音、
義之間的關係呈現出既統一又矛盾的複雜的情況，因而在確定詞
的本義時，字形分析只能作為參考，而不能作為唯一的根據。如
"陽"字從"阜"（"阝"在左邊，即從阜），意義當與山陵有
《説文》釋為"高明也"，傳統説法都認為其本義是"山之
南，水之北"（《説文》釋"陰"為"水之南，山之北也"）。無
疑地，這種解釋同字形相符；但從詞義引申的角度來看，值

得重新考慮。《說文》另有一個"昜"字，甲骨文寫作昜，其本義當是"陽光"，由"陽光"引申爲"山南水北"（即"陽光照射之處"）的意義，這是很自然的。可以設想，陽光的陽原寫作昜，"山南水北"的陽寫作陽，後來前者消失（在先秦典籍中即未出現），後者即兼表"陽光"和"山南水北"這兩個意義。由此看來，"陽"這個字形所表示的意義是"山南水北"，但"陽"這個詞的本義是"陽光"，"山南水北"是它的引申義。（參看何九盈、蔣紹愚《古漢語詞匯講話》，北京出版社）

再次，形聲字由義符和聲符構成，其義符只能提示其意義範疇，而不能指明其本義，因此，對佔漢字總數百分之八十以上的形聲字來說，形訓的方法當然有局限性。如"窍，從穴"、"和，從口"、"題，從頁"等，它只能提示我們"窍"義與"穴"有關，"和"義與"口"有關，"題"義與"頁"（即"首"）有關，至於字形本身並不能指明具體的本義。當然，我們若是知道"窍""和""題"各字的諸多意義，其義符可以幫助我們從諸多意義之中辨別出哪個具體的意義是本義。這就已經不是單憑字形分析來辨別本義了。

訓詁實踐表明，在應用形訓的方法時，應盡量採用時代較早的形體，以求字形與字義的聯繫更直接一些；同時參考《說文解字》，證以古代文獻。如果單憑後來的字形，拘泥於《說文解字》，那是不會得到正確解釋的。如：

澤雉十步一啄，百步一飲，不蘄畜乎樊中：神雖王，不善

也。（《莊子·養生主》）

關鋒《莊子內篇譯解和批判》解釋爲：

> 〔這是因爲被畜養在籠子裡，雖然不用勞動去覓食，而〕
> 可以"南面稱王"，〔但是〕並不愉快。

把"王"說成是"南面稱王"，這顯然是拘泥"一貫三爲王"之字形，而解作"帝王"之"王"。這當然不合原意。從"王"的甲骨文形體來看，其本義是"旺"。郭象注、成玄英疏，皆釋爲"心神長王，志氣盈豫"，可見原意應該是："精神雖旺盛，卻不感到舒服。"

採用最早的古文字形體，是否就能把詞義說得很透呢？那倒不一定。如"興"字，甲骨文作 或 ，像四手抬某物狀。我們只模糊地知道"興"字所從之"同"似爲一器物，但不知爲何物。直到安陽侯家莊一號大墓出土了三件"抬盤"，形狀如床，兩端各出二柄，與 形同，我們才知道"興"字所從之"同"，本作 ，是當時一種抬盤。這種抬盤，抬的時候四手同時用力而起，故"興"有"起"義。甲文"興"字也有作 者，多一"口"字。抬盤用四手，不是一人用力，故要其中一人用口發令，使之同時而起。多一口字的寫法後來被繼承下來了。由此可見，運用形訓的方法，不能僅憑原始字形就文獻解釋文獻，還需要充分利用地下出土的新材料，總結吸收古文字的研究成果。這又一次證明"導論"裡所提到的訓詁學的綜合性的特點。

第二節　因聲求義

一、因聲求義的方式

　　因聲求義，舊稱聲訓或音訓，就是尋求讀音相同或相近的字來解釋詞義的方法。如前所述，文字是語言的外在形式，而語音才是語言的內在形式，解釋詞義如果只用以形說義的方法，只用語言的外在形式，很多問題得不到圓滿的解決。於是訓詁家又充分利用語音這個語言的內在形式，運用因聲求義的方法去探求詞的意義。音訓的材料在先秦時期的典籍裡常常可以看到。兩漢時期的訓詁專書《爾雅》《說文》等，釋詞時也都常用這種方法；尤其是漢末劉熙的《釋名》，幾乎全是音訓。古代的音訓，歸納起來有下面三種方式。

(1)利用形聲字

　　　《論語》：“政者，正也”

　　　《荀子》：“君，群也。”

　　　《爾雅》：“古，故也。”“誥，告也。”

　　　《說文》：“祫，大合祭先祖親疏遠近也。”

　　　《釋名》：“頰，夾也，面旁稱也，亦取挾斂食物也。”

　　　　　　　　“皮，被也，被覆體也。”

　　　　　　　　“銘，名也，記名其功也。”

　　　"紀，記也，記識之也。"

　　　"消，削也，言減削也。"

上舉"政、正"，"誥、告"，"袷、合"，"煩、夾"，"銘、名"等，是用聲旁字訓釋形聲字；"君、群"，"古、故"，"皮、被"等，是用形聲字訓釋聲旁字；而"煩、挾"，"紀、記"，"消、削"等，則是用同聲旁的形聲字訓釋。

⑵利用音同、音近字

　　《周易·說卦》："乾，健也。""坤，順也。""震，動也。""坎，陷也。"

　　《孟子·滕文公》："庠者養也，校者教也，序者射也。"

　　《爾雅》："樊，藩也。""粵，于也。"

　　《說文》："天，顛也。""旁，溥也。""祈，求也。"

　　《方言》："絡，來也。""怛，痛也。"

　　《釋名》："廣平日原。原，元也。"

　　　　　　"武，舞也，征伐動行如物鼓舞也。"

　　　　　　"煩，繁也，物繁則相雜撓也。"

　　　　　　"星，散也，列位布散也。"

　　　　　　"霧，冒也，氣蒙亂覆冒物也。"

　　　　　　"日，實也，光明盛實也。"

　　　　　　"月，缺也，滿則缺也。"

上舉"乾、健"，"樊、藩"，"原、元"，"武、舞"，"煩、繁"爲同音相訓；"震、動"，"粤、于"，"旁、溥"，"祈、求""絡、來"，"怛、痛"，"星、散"，"霧、冒"爲同聲相訓；其餘"坤、順"，"庠、養"，"天、顚"，"日、實"等皆爲同韻相訓。

(3)利用同形字

《詩·大序》："風，風也。"
《孟子·滕文公》："徹者，徹也。"
《周易》："比者，比也。""蒙者，蒙也。"

同字相訓，被釋者往往有特定的涵義，釋者用一般的涵義。如前一"風"字是《詩》的一種文體的名稱，即"風、雅、頌"之"風"；後一"風"字是"風動、風化"（鼓動）的意思。前一"徹"字是周代賦稅的名稱，後一"徹"字是"徹取"的意思。這樣訓釋，今人不解；由於古人訓詁，原多耳提面命，出於先生之口，入於弟子之耳，因此這樣解釋還是有效果的。

同世界上其他語言一樣，漢語的詞，除極少數因聲而造的以外，絕大多數在產生時，它的意義和語音形式之間並沒有必然的聯繫。荀子說："名無固宜，約之以命，約定俗成謂之宜。"（《荀子·正名》）從語言的產生來說，從詞匯的總體來說，語音和語義的聯繫無疑是約定俗成的，是偶然的。但是，語言是不斷發展變化的，語言的詞匯也是在不斷變動、不斷豐富的。新詞的產生，往往以舊詞爲基礎，借舊詞作爲構成新詞的材料。當某音表示某義的關係一旦固定之後，由於人們心理上的聯想作用、社會的共同習慣以及漢語音節有限的特點，對於語義相關聯的詞，人們往往用相同或相近的語音形式來表示。這樣，同源的派生詞就帶有語音上的某種聯繫，因而具有某種歷史的、可以追溯和解說的必然性。清代自乾嘉以來，有些著名學者提出："故訓聲音，相爲表裡"（戴震《六書音韻表序》），強調"訓詁之旨，本於聲音"（王念孫《廣雅疏證序》），"治經莫重於得義，得義莫切於得音"（段玉裁《廣雅疏證序》）。他們突破漢字形體，借助字音探求詞義，這不僅在語言學理論上能找到根據，而且在訓詁實踐上是個很大的進步，取得了不可低估的效果。

二、因聲求義的作用

訓詁中運用因聲求義的方法，主要有兩個作用：一是尋求本字，二是推求語源。求本字也好，推語源也好，都是爲了解決古代文獻裡的詞義問題。

先說尋求本字。

本字與借字相對而言，是指專門記寫某個詞、其形體與該詞意義有直接聯繫的字。前面第一章說過，文字通假是古漢語書面語言裡一個特有的障礙。所謂通假，就是古代文獻中不寫通行的本字，而借用另一個聲音相同或相近的字來替代，這個借字的形體同它所記寫的詞義之間就不存在任何聯繫。針對這種現象，古代聲訓的任務首先就是說明通假，以防止讀者望文生義。如上面所引《爾雅》的兩個例子："樊"、"藩"二字在古書中是經常通用的；"粵"、"于"二字屬於雙聲通假，即舊訓詁家所謂"一聲之轉"。

在更多的情況下，舊訓詁並不限於說明通假，還要憑靠借字的字音，沿著音同或音近的途徑求得本字，然後通過本字的形體來說明詞義。例如：

> 《詩·衛風·氓》："信誓旦旦。"毛傳："信誓怛怛然。"鄭箋："言其懇惻款誠是也。"（"旦"是借字，"怛"是本字。）
>
> 《詩·小雅·斯干》："秩秩斯干。"毛傳："干，澗也。"
>
> （"干"是借字，"澗"是本字。）
>
> 《詩·周南·汝墳》："未見君子，惄如調飢。"毛傳："調，朝也。"（"調"是借字，"朝"是本字。）
>
> 《呂氏春秋·本生》："萬人操弓，共射一招。"高誘注："招，埻的也。"（"埻的"即"準的"。"招"是借字，"的"是本字。）
>
> 《漢書·項籍傳》："〔項梁〕數使使趣齊兵俱西。"顏師古注："趣，讀曰促。"（"趣"是借字，"促"是本字。）

利用音訓的方法尋求本字，可以糾正某些注釋和解說上的失誤。如《戰國策·楚策》："不知夫穰侯方受命乎秦王，填黽塞之內，而投己乎黽塞之外。"王力主編《古代漢語》曾釋"填"為"指填滿軍隊"（1962，105頁），後改釋為"布滿軍隊"（1981，114頁）。這是誤解。其實原文是借"填"為"鎮"，即鎮守的意思。上古音"鎮"讀如"田"，與"填"字音同。釋"填"為"填滿軍隊"，不僅迂曲，而且是增字為釋。

又如朱熹《語類》卷四："若木生於山，取之或貴而爲棟樑，或賤而爲廁料，皆其生時所稟氣數如此定了。"有人解釋說："山上的樹木，高貴的作棟樑，下賤的建廁所。"（《朱熹思想研究》）莫非不能作棟樑的木料都用來"建廁所"麼？釋"廁"爲"廁所"，不能不叫人生疑。《集韻》："廁，側也。"原來"廁"是借字，"側"才是本字，旁邊的意思。所謂"廁料"，即不能做棟樑的邊腳料。

又有人撰文把"包彈"一詞和包公牽扯在一起，並引《蕙風簃隨筆》所云和合肥方言俗語爲證（見《江淮論壇》1979年第二期）。其實"包彈"一詞早在唐代就出現了，如唐人著作《義山雜纂》卷上"不達時宜"條下有云："筵上包彈品位。"可見"包彈"出在包拯之先。劉堅同志《語詞雜說》一文指出："包彈也作駁彈。"（參看《中國語文》1978年第二期）駁，即批駁、批評；彈，即彈劾、指摘。"駁彈"或許是兩個意義相近的詞素構成的複合詞，其義爲批評指摘。就張相《詩詞曲語詞匯釋》卷五"包彈"條引例來看，尙有"襃彈、襃談、保彈、彈剝、團剝"等不同寫法。從字面來看，"包彈""駁彈"又或許是聯綿詞。這樣說來，"包彈"無論是複合詞還是聯綿詞，都與包拯無關。"包""駁""保"等爲一聲之轉，都是雙聲通假。

再說推求語源。

語源是就根詞和賴以產生的派生詞之間的關係而說的。由同一根詞派生出來，因而音義皆近、音近義同或義近音同的詞，叫做同源詞。從訓詁實踐來看，所謂推求語源，主要的不是指從同源詞中確定根詞，這是很難完全做到的；而是指從同源詞中廣泛系聯派生詞，即確定同源派生詞之間的“淵源”關係。前面所引《論語》《釋名》等書的例子中，大多屬於此類。如“政”和“正”，“誥”和“告”，“祫”和“合”，“挾”“頰”和“夾”，“煩”和“繁”等。其中有系聯得不合理的；但也有不少是系聯得合理的。“政、正”同音。《周禮·夏官·序官注》：“政，正也，所以正不正者也。”“正”是“政”的語源。“誥、告”同音，本同一詞，後人加以區別。《釋文》：“告上曰告，發下曰誥。”“合、祫”既雙聲又迭韻。《白虎通·宗廟》：“祫者，合也。毀廟之主皆合食於太祖也。”“合”是“祫”的語源。“夾、挾、頰”迭韻，聲紐亦近。《儀禮·既夕禮注》：“在左右曰夾。”《釋名·釋姿容》：“挾，夾也，在傍也。”《說文》：“頰，面旁也。”可見“頰”和“夾、挾”同源。“煩、繁”同音；“繁”有多雜義，“煩，憒悶煩亂也”（玉篇），“繁”“煩”同源。

運用因聲求義的方法來系聯同源詞，首先是指文字上同聲符的，以推求它們的語義“公約數”（沈兼士語）。劉師培說：“匯舉諧聲之字，以聲爲綱，即所從之聲以窮造字最先之誼。”（《字義起於字音說》）例如：系聯“騢”（馬赤白雜毛）、“瑕”（玉小赤）、“霞”（日邊赤氣）、“葭”（蘆之雜紅者）等詞，即可求出“鰕（蝦）”的語源義是“赤”；系聯“騅”（馬白額）、“㹊”（白牛）、“雈”（鳥之白也）等詞，即可求出“鶴”的語源義爲“白”。（參看《說文》馬部、魚部段注，劉師培《物名溯源續補》）

其次，輾轉系聯其他音同、音近的字，以確定它們的語源義。

例如：

> 《詩·大雅·靈台》："矇瞍奏公。"毛傳："有眸子而
> 無見曰矇。"
> 《左傳·僖公廿四年》："目不別五色之章爲昧。"
> 《孟子·離婁上》："胸中不正，則眸子眊焉。"趙注：
> "眊者，蒙蒙目不明之貌。"
> 《晉書·山濤傳》："臣耳目聾瞑，不能自勵。"

引例中的"矇、昧、眊、瞑"以及"暮、盲　沒、眛"等古屬
"明"母字，均有昏暗不明之義。

　實詞可以探源，虛詞亦可以探源。如："不、否、弗、非"
四字上古屬"幫"母字，"無、毋、亡、勿、未、莫、末、靡、
蔑、微"十字上古屬"明"母字，"幫"母和"明"母皆雙唇音，
均可用來表示否定，因而是同源通用（其中"幫"母字用來表示
一般否定，"明"母字用來表示祈使否定或無定代詞，又略有分
工）。又如："女、汝、爾、而、若、乃、戎"八字皆用作對稱
代詞，這在語音上也是有根源的。"女"、"汝"和"尔""爾"，都
是一個詞的兩種寫法。上古無"日"母，"汝"讀作"女"，"
爾"讀作"你"，"而"讀若"耐"，"若"讀如"諾"，
"戎"讀作"農"，其發聲都很相近。

　再次，有些聯綿詞也可用聲訓的方法探究其語源。如《爾雅
·釋詁》："溥，大也。"郝懿行《義疏》謂：《詩·小雅·北
山》"溥天之下"，《左傳·昭公七年》及《孟子·萬章上》並

作“普天之下”。……溥旁聲轉，《說文》：“旁，溥也。”聲轉爲旁薄，又爲旁魄，又爲彭魄，又爲旁勃，盤礴。

我們再以關漢卿《望江亭中秋切鱠旦》雜劇第三折“持魚”之“持”字爲例，具體地說說音訓原則的運用。劉堅同志《語詞雜說》一文指出：“持”應作“治”，是剖魚腹、刮除魚鱗的意思。郭在貽同志在《古漢語詞義札記》一文中，根據《說文·刀部》有“劊，楚人謂治魚也”一說，指出：“‘劊’應當就是‘治魚’這個意思的本字。”（二文均見《中國語文》）他們都是在運用聲訓的方法，爲“持魚”一說尋求本字。

劉堅同志曾提及，趙元任《中國話的文法》亦舉有此例，只是“治”字趙氏作“遲”字。遲，籀文作“遟”。“遟魚”之“遟”，其字應作“屖”，“屖”是“遲”的本字。《說文·尸部》：“屖，屖遟也，從尸辛聲。”陳獨秀根據甲骨文字形，糾正了許愼的這一說法。他在《實庵字說》中指出：“屖，從尸從辛。從尸與從人無異，辛乃像刑人之器；人陳辛旁，刑人之像。”（《東方雜志》1937年34卷13號）此說甚確，“辟、宰、辜、皋”等字都從“辛”可證。“屖”乃“刑辟”之“辟”，初爲一字，以後分化異讀。後世所謂“凌遲處死”，即存“屖”字之音義。由此可見，關劇“持魚”和“治魚”“劊魚”“遲魚”都爲“殺魚”，即“剖魚腹、刮除魚鱗”之意。其“持、治、劊、遲”之音義皆來源於甲骨文之“屖”，而“持、治”皆爲借字，“劊”是後起本字，“屖”是“劊”的語源。

由以上分析可以看出：推求語源，往往能突出詞義的特點，從而加深對詞義的理解；還有助於探討詞義引申和語音變化的規律。

三、因聲求義的條件

因聲求義，是以音同或音近的字來訓詁。因此，尋求本字和推求語源有一個重要的條件，就是讀音相同或相近，而且必須以先秦古音爲依據，因爲文字通假和同源詞的形成，絕大多數是上古時代的事。

先秦兩漢典籍裡的音訓，大多是不可靠的。直到清代，由於古音學的建立，音訓才有了可靠的依據。對於讀音相近，王力先生曾經強調，不只是指二字雙聲或者迭韻。如果只有韻部相同，而聲母相差很遠，或者只有聲母相同，而韻部相差很遠，那末既不能構成通假，也不能認爲同源。因爲語音轉化是有條件的。

與音訓有關的是"右文說"的問題。前面提到古代音訓有不少利用形聲字的，這或許是"右文說"的淵源。據宋人沈括的《夢溪筆談》記載："王聖美治字學，演其義爲右文。古之字書皆從左文。凡字，其類在左，其義亦在左。如木類，其左皆從'木'。所謂右文者，凡字，其類在左，其義在右。如'戔'，小也。水之小者曰淺，金之小者曰錢，歹而小者曰殘，貝之小者曰賤，如此之類，皆以'戔'爲義也。"其後，張世南《遊宦紀聞》中也提出字之"右旁亦多以類相從"之說：如"青"爲精明之義，故日之無障蔽者爲"晴"，水之無混濁者爲"清"，目之能見明者爲"睛"，米之去粗皮者爲"精"。

"右文說"已經朦朧地意識到"聲中有義"，開始注意音義結合的方法，也確實能夠解釋一些形聲字。本節開頭的引例說明，形聲字的聲符在音訓中所起的作用不能忽視。清代訓詁學家提出"音近義通"的原則，可以說是受了"右文說"的啓發。但是，"右文說"有著嚴重的缺陷。首先，它重在聲符之"文"，而未言"聲"。就是說它仍舊局限於字形，把形聲字的聲符作爲因聲求義的先決條件，不懂得音近義通並不限於聲符相同的字。其次，"凡字，其類在左，其義在右"的論斷不能成立，很多聲符相同的形聲字意義毫不相關。即如從"戔"聲之字，一部分有"小"義，而無"小"義的也很多：餞（送去食也），踐（履也），濺（疾流貌）等，這些字中的"戔"只是標音符號。又如"江、杠"同從工聲，"杠"是床前橫木；"河、柯"同從可聲，"柯"是斧柄。因此，"右文說"在原則上是錯誤的，在方法上也少有可取之處。王力先生指出："凡按右文講得通的，若不是追加意符的形聲字，就是同一詞族的字，並不是存在著那麼一個造字原則，用聲符來表示意義。"（《中國語言學的繼承和發展》）

可見，因聲求義的條件，不在於聲符的相同，而在於語音的相同或相近。當然，還必須強調，確定通假或同源，還要有古代文獻資料作爲證據。對此，陸宗達先生指出："一定要有確鑿的文獻作爲佐證。僅僅憑著聲音相同或相近而胡亂聯繫，不但作不出正確的訓詁來，反而會因穿鑿附會，把形、音、義的聯繫搞亂，把古書的意思曲解。"

總之，運用因聲求義的方法，必須明古音、重證據，切忌濫用，否則容易陷入主觀，流於穿鑿。

第三節　引申推義

一、什麼是引申推義

　　引申推義，就是根據詞義引申的規律來推求和證明詞義的方法。傳統訓詁學把所謂形訓、音訓、義訓三者並列，以爲義訓即直陳詞義，包括同義相訓、反義相訓、以共名釋別名、設立界說、描述此況等等。今天看來。這是不科學的。從義訓所包括的內容來說，如同義相訓、設立界說、描述此況等，只是解釋詞義的方式，而不是訓詁的方法；從義訓本身的界說來看，它也不能與形訓、音訓並列爲三。前面說過，形訓即以形索義，音訓即因聲求義。二者都有一個索求詞義賴以憑靠的條件，這就是詞的外部形式（字形）和詞的內部形式（語音），而直陳詞義卻沒有指明一個賴以借助的條件，因而將直陳詞義同以形索義和因聲求義鼎足三立，是不合邏輯的。

　　我們認爲，無論是以形說義還是因聲求義，都不過是以詞的形式（書寫的或口頭的）爲根據來索求詞義，並沒有深入詞的內容，即從詞義本身的運動規律來探明詞義。這顯然是不完備的。如果說訓詁一開始確實存在所謂形訓、音訓和義訓，那麼這“義訓”不是什麼直陳詞義，而應該是引申推義。因爲詞義是詞的內容，而引申是詞義運動的基本形式。

二、詞義引申的規律

關於詞義引申，當代訓詁學家陸宗達、王寧合著的《訓詁方法論》有一段準確的表述："引申是一種有規律的詞義運動。詞義從一點（本義）出發，沿著它的特點所決定的方向，按照各民族的習慣，不斷產生新義或派生新詞，從而構成有系統的義列，這就是詞義引申的基本表現。"（中國社會科學出版社，1983，140頁。）

這裡包含兩層意思：一層，詞義引申本是詞義不斷發展演變的一個系列，不過就其個別階段來說，則是由一個義項延伸出另一個與之相關的新義項；另一層，這種引申既有各民族語言共有的一般規律，也有受民族心裡習慣制約的特殊規律。詞義引申規律是一個很複雜的課題，還有待於進一步深入的探討。這裡先概述詞義引申的一般規律：

㈠ 由個別到一般

個別和一般是相對而言的。有些詞先是指稱某一種事物或動作，後來泛指某一類事物或動作。例如：

①譬若輪人之有規，匠人之有矩。（墨子·天志上）

②能斫削柱樑，謂之木匠；能穿鑿穴堗，謂之土匠；能雕琢文書，謂之史匠。（論衡·量知）

③子惠思我，褰裳涉溱。（詩·褰裳）

④麾蛟龍使梁津兮，詔西皇使涉予。（楚辭，離騷）

"匠"本指木工，後來泛指手工業工人。"涉"原是步行過河，後來凡是渡河都叫"涉"。

（二）　**由具體到抽象**

有些詞先是指具體的事物或動作，後來概指抽象的事理。例如：

①齊城、高唐當術而大敗。（孫臏兵法·擒龐涓）

②教亦多術矣。（孟子·告子下）

③人無於水監，當於民監。（尙書·酒誥）

④成湯監於夏桀。（荀子·解蔽）

“術”原指道路，是具體的事物；後引申爲方法、手段，詞義抽象。“監”本指在水裡照影，是具體的動作；後引申爲“借鑑”，是抽象的行爲。

（三）　**由兼到偏**

有些詞的意義本來兼該相關兩方或正反兩面，後來偏指一方或一面。例如：

①口欲綦味，鼻欲綦臭。（荀子·王霸）

②三牲之肉，臭而不可食。（昌言·理亂）

③茲予大享於先王。（尙書·盤庚上）

④使之主祭而百神享之。（孟子·萬章上）

“臭”（xiu）原指氣味，兼指好聞的和難聞的；後來與“香”相對，偏指難聞的氣味。“享”既有以祭品奉獻鬼神之義，也有鬼神享用祭品之義；後來只有享受義了。

(四)　由實到虛

有些詞本有實在的意義，後來實義逐漸消失，只表示某種虛靈的語法意義。例如：

①民食果蓏蚌蛤。（韓非子·五蠹）

②言必信，行必果。（論語·子路）

③果能此道矣，雖愚必明。（禮記·中庸）

④及諸河，則在舟中矣。（左傳·僖公三十三年）

⑤願及未填溝壑而托之。（戰國策·趙策）

⑥屈完及諸侯盟。（左傳·僖公四年）

"果"本指果實，是名詞，意義十分具體；後來表示堅持到底而成為事實，是形容詞，意義仍然實在；再引申而表示果真、果然，是副詞，意義虛化了。"及"本義為追趕上，是動詞，意義非常具體；後來表示趁著某個時候，動詞意義已經變弱；再引申而虛化為介詞，用來介入行為的有關對象。

至於古代書面漢語詞義引申的特殊規律，上述《訓詁方法論》一書有比較系統的論述。現選擇所分小類中之善者略加介紹，並另外舉例予以分析。

(一)　因果引申

作為原因的事物與作為結果的事物往往相通，因而詞義便由前者引申為後者。如"解"的本義是分解動物的肢體，分解的結果必然鬆懈，"解"由分解義引申為鬆懈義，後來孳乳為"懈"字。又如：

①其良人出，則必厭酒肉而後反。（孟子·離婁下）

②彼重欲無厭，天下必懼。（韓非子·說林上）

③諸公賓客多厭之。（史記·主公偃列傳）

"厭"在上引三句中，意義分別是"吃飽""滿足"和"厭惡"。
因"吃飽"而"滿足"，又因"過飽"而"厭惡"。

(二) **時空引申**

時間、速度與空間、密度這兩種概念密切相關，因而表示前者的詞義與表示後者的詞義可以相互引申。如"數"由數目義引申爲多次，屢次，讀Shuo，是單位時間的意義。又由此引申爲密度大，讀cu（"數罟"），變成空間上的意義。再如：

①人耨必以旱，使地肥而土緩。（呂氏春秋·任地）

②民事不可緩也。（孟子·滕文公上）

"緩"在例①中是寬鬆義，指空間的距離較大；引申爲緩慢，如例②，指時間的距離較長。

(三) **動靜引申**

事物的動態與靜態彼此相關相因，所以動態詞義和靜態詞義往往相互引申。這在語法上即表現爲動詞和靜詞互用。如"封"，本義是培土種植，是動態；引申爲封疆、疆界義，轉爲靜態。再如：

①切其脈時，右口氣急。（史記·扁鵲列傳）

②王叔陳生與伯輿爭政，王右伯輿。（左傳·襄公十年）

③聽訟吾猶人也，必也使無訟乎。（論語·顏淵）

④大司馬府聽前有一老槐。（世說新語·黜免）

例①"右"指右手，是名詞，引申爲佑助，是動詞，這是由靜到動的引申。"聽"本指耳聞，引申爲治理，如例③，是動詞，再引申爲治理政事的地方，如例④，是名詞，後來寫作"廳"，這是由動到靜的引申。

（四）**同狀引申**

不同的事物，由於性質，狀態相似成爲詞義引申的依據，而可以共名或同源。如"醒"，本來表示從酒醉中清醒的狀態，引申爲指從睡眠中甦醒的狀態，因爲兩種狀態相似。再如：

①簫管備舉。（詩經·有瞽）

②鄭人使我掌其北門之管。（左傳·僖公卅二年）

例①"管"指樂器，古代鑰匙與其形相似，因而也稱"管"，如例②。

（五）**同用引申**

不同的事物，由於功用相似成爲詞義引申的依據，而可以共名或同源。如"銑"，意思是擦亮金屬器皿去其污銹，而"洗"是刷洗去垢，兩詞所表示的作用基本相同而相通，顯然是由同一語源分化而來。再如：

①臧紇斬鹿門之關以出。（左傳·襄公二十八年）

②秦人開關而延敵。（賈誼：過秦論）

例①"關"指門閂，其作用在於控制出入，以防不虞；引申而指邊界上的要塞關卡，如例②，因爲後者的關防作用與前者類似。

　㈥　**通感引申**

　不同的感覺有相近和相通之處，因而導致反映感覺的詞意義引申。如"痛"本指肉體感覺的疼痛，"酸"本指味覺感受的酸味，引申爲心情、精神上的悲痛與酸楚，因爲後者與前者相通。再如：

①心清聞妙香。（杜甫：大雲寺贊公房）

②楚天千里清秋。（辛棄疾：水龍吟）

例①"清"是清靜、安靜，是對周圍環境的體驗；例②"清"是清涼、涼爽，是對自然氣候的感受。二者近似而相通。

三、引申推義的運用

　傳統訓詁學雖然沒有系統地闡述過詞義引申規律，但是歷代訓詁家對古籍裡的詞義引申現象一向十分重視，並進行過細緻的考察和具體的研究。他們不僅探索本義這個詞義引申的起點，整理由本義的特點所決定的引申義列，而且還憑借某些引申規律，運用這種引申系列，來推求詞的新義項或論證新義項的合理性。

在這方面，清代乾嘉時期的訓詁大師們做出了尤其出色的成績。

戴東原《孟子字義疏證》於"理"字有一段精采的闡述。

> 理者，察之而幾微必區以別之名也，是故謂之分理。在物
> 之質曰肌理，曰腠理，曰文理。得其分則有條而不紊，謂
> 之條理。……《中庸》曰："文理密察，足以有別也"。
> 《樂記》曰："樂者，通倫理者也"。鄭康成注云："理，
> 分也。"……問：古人之言天理，何謂也？曰：理也者，
> 情之不爽失也，未有情不得而理得者也。……天理云者，
> 言乎自然之分理也，自然之分理，以我之情絜人之情，而
> 無不得其平是也。

戴氏緊緊抓住"理"字含有"區分"的特點，根據他對事物之間
的動靜、因果、同狀、通感等關係的認識，闡述了"理"引申爲
"分理""肌理、腠理、文理""條理""倫理""天理""情
理"等意義的依據。

段玉裁爲《說文解字》作注，分析引申義例達一千一百餘條，
爲詞義引申的研究提供了豐富而可貴的資料。這裡舉其數端略加
分析：

> 《說文·目部》："眚，目病生翳也。"段注："引申爲
> 過誤。如'眚災肆赦'，'不以一眚掩大德'是也，又爲
> 災眚。李奇曰：'內妖曰眚，外妖曰祥'是也。"
>
> 《說文·示部》："祥，福也。"段注："凡統言則災亦

謂之祥，析言則善者謂之祥。"

《説文·木部》："梳，所以理髪也。"段注："器曰梳，用之理髪因亦曰梳。凡字之體用同稱如此。"

《説文·刀部》："副，判也。"段注："副之則一物成二，因仍謂之副。因之凡分而合者皆謂之副。訓詁中如此者致多。……《史記》曰：'藏之名山，副在京師。'《漢書》曰：'臧諸宗廟，副在有司。'周人言貳，漢人言副，古今語也。"

《説文·飞部》："翼，翅也。"段注："翼必兩相輔，故引申爲輔翼。《行葦》鄭箋云：'在前曰引，在旁曰翼。'又凡敬者，必如兩翼之整齊。故毛傳曰：'翼，敬也。'鄭箋云：'小心翼翼，恭慎貌。'"

《説文·頁部》："顧，還視也。'段注："還視者，返而視也。……又引申爲臨終之命曰顧命。又引申爲語將轉之詞。"

段氏在分析詞義引申時，有的已指出引申的依據，有的則未指出引申的依據。但是可以肯定，段氏在闡述詞義引申的系列時，他觀念中是有聯繫相關義項的合理根據的，否則我們今天讀來，不會感到那麼自然，那麼信服。譬如："眚"由"目病"引申爲"過誤"，是由具體到抽象；"祥"由兼該"福、災"兩面引申爲"福"，是由兼到偏；"顧"由"還視"引申爲"語將轉之詞"（即轉折連詞），是由實到虛；"梳"由梳具到梳理，是動靜引申；"翼"由"翅"到"輔翼"，是同用引申；而由"翅"轉爲

"翼敬"，則是同狀引申。

如果說戴東原為我們闡述的，是抓住詞的本義的某個特點，以此系聯引申義的方法；段玉裁為我們提供的，是尋求詞義引申依據的大量的語言資料；那麼王念孫在《廣雅疏證》裡，則為我們運用引申義列來求證詞義指明了具體的途徑。請看：

> 鼻之言自也。《說文》："自，始也。讀若鼻。今俗以始生子為鼻子是。"《方言》："鼻，始也。"獸之初生謂之鼻，人之初生謂之首。（卷一上）
>
> 凱者，《呂氏春秋·不屈篇》云："詩曰'愷悌君子'，愷者大也，悌者長也。"凱與愷通。般者，《方言》："般，大也。"郭璞音盤桓之盤。……鄭注云："胖猶大也。""槃，大也。"槃、胖並與般通。……凡人憂則氣斂，樂則氣舒。故樂謂之般，亦謂之凱，大謂之凱，亦謂之般，義相因也。（卷一上）
>
> 元、良為長幼之長。《爾雅》："元、良，首也。"首亦長也。《乾文言》云："元者，善之長也。"《司馬法·天子之義篇》云："周曰元戎、先良也。"《齊語》云："四里為連，連為之長。十連為鄉，鄉有良人。"是良與長同義。（卷四下）

對於"鼻"字，王氏除用《說文》《方言》裡的訓釋材料說明其有"始"義而外，還用"鼻"字與"首"字皆有"初生"的引申義，進一步證明"鼻"字確有"始"義。對於"凱"字，王氏先用因聲求義的方法，指出"凱"與"愷"聲近義通而有"大"義，"般"與"胖、槃"等聲近義通而有"大"義，然後又用"凱"的引申義列與"般"的引申義列相比較，來證明"凱"由"樂"義引申爲"大"義是完全合理的。

至於"良"字，《說文》說是"善也"，《爾雅》說是"首也"。如何判定，段注、郭注、郝疏均未述及。王念孫運用引申推義法的分析向我們顯示，"良"的本義是"首"而不是"善"。"良"本義是"首"，所以引申爲長幼之長。這同"元"的本義是"首"而引申爲長幼之長一樣。"良"本義爲"首"，又引申爲首長義，如《國語·齊語》"鄉有良人"，韋昭注"良人，鄉大夫也"。這也同"首"引申爲首長、"元"引申爲"元戎"一樣。凡爲首長，須有聲望，因而"良"又引申出"善"義。《說文》訓"良"爲"善"，正是其引申義。這同"元"引申爲"善之長"、《左傳·文公十八年》杜注"元、善也"又是一樣。由此可見，引申推義是判定疑難詞義的有效方法。

第五章　訓詁的體式

　　導論部分已經提到，同是在西漢初年出現的隨文釋義的傳注和通釋語義的專著，是古代訓詁的兩種基本體制。從今天看來，這兩種訓詁體制都搜集和保存故訓，因為嚴肅認眞的傳注，其中對詞的訓釋往往是訓詁專書的依據。且不說清代的《經籍纂詁》，它就是廣泛採輯經史諸書中的詞義訓釋而形成字典式的訓詁專書的；即便是按照一定原則編纂的《說文》《廣雅》《玉篇》《廣韻》等訓詁專書，也大量網羅傳注中的故訓。

第一節　注疏的類別

一、注和疏

　　從訓詁的對象來說，注和疏應分屬兩類。

　　專門解釋古書正文的叫"注"。前面提過，毛亨、孔安國、馬融、鄭玄等漢代著名訓詁家，對先秦的經書都曾作過傳注。

　　既解釋古書的正文，又解釋前人的傳注的，一般叫"疏"。像孔穎達、賈公彥等唐宋訓詁家為十三經所作的《正義》和《疏》；又如《莊子》，郭象作注，成玄英作疏。

　　下面我們節選《商書·西伯戡黎》一段，來說明注和疏之間的區別和關係（注疏一般都是用雙行小字排在正文之下。現改為單行橫排，正文和注疏照原樣不加標點）：

> 殷始咎周 咎惡○咎其九反馬云咎周者爲周所咎 周人乘黎 乘勝也所以見惡 ○黎力兮反國名尚書大傳作耆 祖伊恐 祖己後賢臣 奔告于於受 受紂也音相亂 帝乙之子嗣立暴虐無道○受如字傳云受紂也音相亂馬云受讀曰紂或曰受婦人之言 故號曰受也 作西伯戡黎 戡亦勝也○伯亦作柏戡音堪說文作□云殺也以此戡訓刺 音竹甚反勝詩證反 「疏」 殷始至戡黎○正義曰文王功業稍高王兆漸著殷之朝廷 之臣始畏惡周家所以畏惡之者以周人伐而勝黎邑故也殷臣祖伊見周克黎國之易恐 其終必伐殷奔走告受言殷將滅史敘其事作西伯勘黎○傳咎惡又云乘勝至見惡○正 義曰易繫辭云無咎者善補過也則咎是過之別名以彼過而憎惡之故咎爲惡也以其勝 黎所以見惡釋見惡之由是周人勝黎之後始惡之詩毛傳云乘陵也駕是加陵之意故乘 爲勝也……

正文之下是孔氏傳，即孔安國所作的注，如“咎，惡。”“乘，勝也。所以見惡。”圓圈之後是唐陸德明《經典釋文》一書所收漢魏以來各家對正文和注文的注音兼釋義，如“咎，其九反。馬云：‘咎周者，爲周所咎。’”〔疏〕字以下是孔穎達的疏，一般放在一段正文之後。疏的體例一般都是先舉出所疏經文或注文開頭和結尾的兩三個字，用圓圈隔開，然後再疏解。如“‘殷始’至‘戡黎’”，就是指對正文從“殷始咎周”到“作《西伯戡黎》”的疏解；而“傳‘咎惡’又云‘乘勝’至‘見惡’”，則是指對孔傳“咎惡”以及“乘勝也所以見惡”兩句的疏解。我們可以看出，疏一般是先疏正文，再疏注文，疏解的文字一般都很長，這裡只引了一部分。

又如《詩·鄘風·載馳》："既不我嘉,不能旋反。視爾不臧,我思不遠。"《毛傳》於"不能旋反"釋爲"不能旋反我思也。"陳奐《毛詩傳疏》曰:"《正月·傳》:'曁,可也。'嘉與曁聲同。《經》言'不能旋反',《傳》乃探下'我思不遠'句,以足經義,故云'不能旋反我思也'。"陳《疏》先解釋詩文裡的"嘉"借作"可";接著指出《毛傳》把詩文"不能旋反"解作"不能旋反我思",是因爲詩文下面有"我思不遠"一句。

可見,注只釋正文,疏兼釋正文和傳注。

古代的傳注,雖然是就經籍的文句進行解釋,但是它和經文卻是分開的,並不像後來那樣合成一書。孔穎達說:"漢初爲傳注者,皆與經別行,三傳之文不與經連。……及馬融爲《周禮》之注,乃云'欲省學者兩讀,故具載本文'。然則後漢以來始就經爲注。"(《毛詩正義》卷一)

章太炎卻認爲:"以傳比廁經下,萌芽於鄭王二師。"這是說,把傳注附在經文各句之後,是鄭玄、王肅以後才有的。

看來傳注附列經文之下的格式,西漢就已出現,也許是在鄭玄、王肅以後才開始盛行的。

這種傳注和經文合一的格式幾經變化。最初,大概只把注和經合成一書,經仍是經,傳仍是傳,尚未攙合在一起。後來,又有把傳注分別附在各篇或各章之後,經傳已經攙合一處,但還沒有句句相附。再往後,才句句相附,傳注一律放在相應的各句之後,但還沒有附在句中,如鄭玄的《毛詩箋》、《禮記注》。更後,漸漸把注解附在句中本字之下,如裴松之的《三國志注》、李善的《文選注》。

義疏和經注原來也是分行的，南北宋之間才開始合刻在一起（參見阮元《周易注疏校勘記》）。有人說，經注疏合刻始於南宋紹熙二年，即公元1191年。

經注合刻以後，有兩種不同的辦法。一種是經注相連，經用大字，注用小字。起初都是單行，後來爲避免經注混淆，便把注文改爲雙行，夾注於經文之下。另一種是經注不相連，注文提行，低一二格。

自從傳注附經的辦法通行以後，有些書有注，有音義，又有疏，如《五經正義》，那就把注、疏、音義（即陸德明的《經典釋文》）都拆散附列各句之下。經文用單行大字；注用雙行小字，緊接經文；音義又緊接注文，中間加一圓圈，以示區別；疏也用雙行小字，列在注文和音義之後，中間標個"疏"字。

二、他注和自注

從傳注的作者來說，有他人所注和作者自注兩類。二者皆由來已久。

他注盛行於兩漢。這在訓詁的發展概況一節已經介紹過。至於自注，章學誠有番議論。他說："太史《自敘》之作，其自注之權輿乎。明述作之本旨，見去取之從來，已似恐後人不知其所云，而特筆以標之，所謂'不離古文'及'考信六藝'云云者，皆百三十篇之宗旨。或殿卷末，或冠篇端，未嘗不反復自明也。班固《年表》十篇，與《地理》《藝文》二志皆自注，則又大綱、細目之規矩也。……宋范沖修《神宗實錄》，別爲《考異》五卷，以發明其義，是知後無可代之人，而自爲之解，當與《通鑒舉要考異》之屬同爲近代之良法也。"（《文史通義·史注篇》）據章氏所說，自注可分爲三類：一是自明宗旨，如《史記》的《五帝本紀》和《伯夷列傳》兩處是其例；二是區分綱目，如《漢書》的十表和《地理志》《藝文志》；三是舉要考異，如范沖修的《神宗實錄·考異》和《通鑒舉要考異》。

已有自注的書，如果後人再加注解，那麼其自注便稱爲本注或原注。

自注又名子注。據近代學者陳寅恪考證云："其大字正文，母也；其夾注小字，子也。蓋取別本之義同文異者，列入小注中，與大字正文互相配擬，即所謂以子從母，事類相對者也。六朝詁經之著作有子注之名，當與此有關。"又說："唐劉知幾《史通》卷五《補注篇》猶有'定彼榛楛，列爲子注'之語，可知子注之得名由於以子從母，即以子注母。"（《支敏度學說考》，轉引自周大璞《訓詁學要略》）

所謂注中注，也是自注的一種。裴松之注《三國志》、酈道元作《水經注》、姚宏著《戰國策注》，都是採用這種注中夾注的格式。例如《水經注·河水》一段：

　昆侖墟在西北……河水出其東北陬。
　《山海經》曰："昆侖墟在西北，河水出其東北隅。"
　《爾雅》曰："河出昆侖墟，色白。所渠並千七百一川，色黃。〔《物理論》曰："河色黃者，眾川之流，蓋濁之也。"〕百里一小曲，千里一曲一直矣。"漢大司馬史張

　　　仲功議曰：“河水濁，清澄一石水，六斗泥，而民竟引河
　　　溉田，令河不通利。……禁民勿復引河。”是黃河兼濁河
　　　之名矣。

“昆侖墟在西北……東北陬”是《水經》原文；“《山海經》曰”
以下是酈道元的注，這是他注；而方括號內所說即注中夾注，
是注者用來說明文中“色黃”的原因的。（轉引自《訓詁學要略》）

三、釋義和敘事

　　從注疏的內容來說，前面第二章所述若概括起來，不外乎兩
類：一是釋義，二是敘事。二者之中，又以釋義居多。正因為這
個原因，我們才說訓詁是以語義為主要研究內容的學問。屬於敘
事的如串講文意、注解典故、考證名物、發明條例等幾項。
　　徵引事實，是注疏中最典型的敘事。如《詩·鄘風·載馳》
毛傳：“懿公死，國人分散。宋桓公迎衛之遺民渡河，處之於漕
邑，而立戴公焉。戴公與許穆夫人俱公子頑烝於宣姜所生也。”
徵引事實，漢時稱“傳”，後世統稱為“注”。裴松之撰《三國
志注》，即大多徵引史實，以為史書補充。

四、集注和補注

　　這是從注解之間的關係來說的。
　　集注，又稱“集解”。它有兩種含義：一是像杜預的《春秋

經傳集解》，指兼解經和注；二是像何晏的《論語集解》，則是把各家的注采集在一起，再加上自己的注解，成爲一書。一般所謂"集注"主要指後一種。如王先謙《莊子集解·逍遙遊》：

> **野馬也，** （司馬云：野馬，春日澤中遊氣也。成云：青春之時，陽氣發動，遙望藪澤，猶如奔馬，故謂之野馬。）**塵埃也，** （成云：揚土曰塵，塵之細者曰埃。）**生物之以息相吹也。** （成云：天地之間，生物氣息，更相吹動。案《漢書·揚雄傳》注：息，出入氣也。言物之微者，亦任天而遊，入此義，見物無大小，皆任天而動。鵬下不言，於此點出。）

　　括號外是《莊子》正文，括號內是王氏集解。"司馬云"以下是引晉司馬彪《莊子注》，"成云"以下是引唐成玄英《莊子疏》，"案"以下是王先謙自己的見解。

　　這後一種集注，也是由來已久。例如《公羊傳》引子沈子、司馬子、北宮子等六家之言，《毛詩詁訓傳》引仲梁子、高子、孟仲子之言，都是稱引師說以解經，已經爲集注開闢了蹊徑。而鄭玄注《周官》，"本杜子春、鄭司農而討論之"，看來還不能說是"後人集解之先聲也"（焦循《孟子正義》）。在讀"集解"之類的著作時，首先要細讀它的序，弄清楚集的是哪幾家，"某曰"的"某"指的是哪個人。

　　補注也可分爲兩類：一是補原文的闕略，一是補舊注的遺漏。通常所說的"補注"指的是後一種。宋人宋咸的《易補注》和洪興祖的《楚辭補注》就是這種類型的著名代表。如：

《離騷》"步余馬於蘭皋兮，馳椒丘且焉止息。"《楚辭
章句》："步，徐行也。澤曲曰皋。《詩》云，鶴鳴於九
皋。土高四墮曰椒丘。言已欲還，則徐步我之馬於芳澤之
中，以觀聽懷王。遂馳高丘而止息，以須君命也。"《楚
辭補注》："皋，九折澤也，一云澤中水溢出所爲坎。《
招魂》曰，皋蘭被徑。司馬相如賦云，椒丘之闕，服虔云，
丘名。如淳云，丘多椒也。按椒，山巔也。此以椒丘對蘭
皋，則宜從如淳、五臣之說（指《文選·離騷》呂延濟注云，椒丘，
丘上有椒也）。焉，語助。"

王逸注中說解籠統含渾的，洪氏補注就加以闡發，如釋"皋"；
王注未加解釋的，補注加以補充，如釋"焉"；王注不確切的，
補注加以辨正，如"椒丘"的解釋。

第二節　注疏的名稱

隨文釋義的注疏書，向來有很多名稱。除了"訓"、"詁"
之外，常用的還有一些，現分別說明如下：

一、傳

《說文》："傳，遽也，從人專聲。"《爾雅·釋言》：
"馹、遽，傳也。"胡韞玉《古書校讀法》據此說："以車曰傳，
亦曰馹，以馬曰遽，亦曰驛，皆所以達急速之事。……傳者，由

此達彼，引申之，凡由此達彼者皆曰傳。"（轉引自周大璞《訓詁學要略》36頁）訓釋詞語，就是言語傳遞，因而喻稱文獻訓釋爲"傳"。《公羊傳·定公元年》云："主人習其讀而問其傳。"

"讀"即句讀，"傳"即訓詁。西漢初年，儒家的易、書、詩、禮、樂、春秋被稱爲"經"，解釋這些經書的被稱爲"傳"。《漢書·藝文志》載，《春秋》有《左氏傳》《公羊傳》《穀梁傳》，《詩》有《韓詩外傳》《毛詩故訓傳》。不過《春秋》三傳和一般注釋的性質有所不同。從《藝文志》看，西漢時詁（故）與傳還有區別，詁以解釋詞義爲主，傳以交代史實爲主；後世傳、注、詁等不再有分別了，如宋人朱熹的《詩集傳》和《楚辭集注》，在體例上就沒什麼不同。

傳有內傳、外傳、大傳、小傳、集傳、補傳之分。《四庫全書總目提要》說："其書雜引古書古語，證以詩詞，與經義不相比附，故曰外傳。"由此可知，內傳就是在內容上與經義密切配合的注解。前者如《韓詩外傳》，後者如《毛詩故訓傳》。東漢以來，有些學者稱《左傳》爲《春秋內傳》，稱《國語》爲《春秋外傳》。漢代張生和歐陽生著有《尚書大傳》。鄭玄《尚書大傳序》云："伏生爲秦博士，至孝文時，年且百歲，張生、歐陽生從其學而受之……生終後，數子各論所聞，以己意彌縫其闕，而又特撰其大義，因經屬指，名之曰傳。"（同上引）據此，"大傳"就是"撰其大義"的意思。"小傳"和"大傳"相對，是一種謙詞。宋劉敞有《七經小傳》。"集傳"與"集注"同義，"補傳"與"補注"同義。

二、解

《說文》："解，判也，從刀判牛角。"解的本義是剖析、分析。訓詁就是分析語義，所以也叫做"解"。漢人注書，常以"解詁"連言，如賈逵《春秋左氏解詁》、何休《春秋公羊解詁》等。後世又有所謂集解。如杜預《春秋經傳集解》和范寧《春秋穀梁傳集解》，杜氏是兼釋經和傳，范氏是撰集各家解說。

三、箋

《說文》："箋，表識書也，從竹戔聲。"從漢代鄭玄開始，注書也叫箋。鄭玄《六藝論》云："注詩宗毛為主。毛義若隱，略更表明；如有不同，即下己意。"可見"箋"有補充和訂正的意思。而《毛詩正義》卻說："鄭於諸經皆謂之注，此言箋者，呂忱《字林》云：'箋者，表也，識也。'鄭以毛學審備，遵暢厥旨，所以表明毛意，記識其事，故稱為箋。"如此說來，"箋"又似有謙意。從《毛詩·鄭箋》來看，前說更切合實際。如：

> 《詩·周頌·昊天有成命》："於緝熙，單厥心，肆其靖之。"毛傳："緝，明；熙，廣；單，厚；肆，固；靖，和也。"鄭箋云："廣當為光，固當為故，字之誤也。於，美乎！此成王之德也，既光明矣，又能厚其心矣。為之不解倦，故於其功終能和安之。謂夙夜自勤，至於天下太平。"

顯然，鄭箋在這裡不僅補充毛傳的不足，而且訂正了毛傳的失誤。鄭玄根據《爾雅·釋詁》："熙，光也。""肆，故也。"指出毛傳中的"廣"和"固"應分別爲"光"和"故"，是音近而字誤。可能到後來，注書稱"箋"就是一種謙辭了。所謂"箋證"、"箋注"，只是"注解"的意思，不一定限於對別人的注的補充和訂正。

四、注

《說文》："注，灌也。"這是注的本義。由灌注義引申之，注書也叫注。賈公彥《儀禮疏》云："注者，注義於經下，若水之注物也。"注字又寫作"注"，是異體字。孔穎達《春秋左傳正義》云："毛君、孔安國、馬融、王肅之徒，其所注書，皆稱爲傳，鄭玄則謂之爲注。"據此，訓釋稱注，是從東漢鄭玄開始的。至於《隋書·經籍志》所載馬融、王肅所作注釋也都稱"注"，不過是改用當時通行的名稱，原來都是叫"傳"的。"注"也可以是對古書訓詁的通稱，如《十三經注疏》的"注"，即包括毛傳和鄭箋。

五、詮

《說文》："詮，具也。"《晉書音義》引《字林》云："詮，具也，謂具說事理。"詮字的本義是詳備。《淮南子》有《詮言篇》。《淮南子·要略篇》云："詮言者，所以譬類人事之指，解喻治亂之體也，差擇微言之妙，詮以至理之文，而補縫過失之闕者也。"這是劉安自己的解釋，其所包含非常廣闊。後世注書叫"詮"的，如唐李翱的《易詮》等，即取具說書中事理的意思。

六、校

賈逵《國語注》云："校，考也。"（《文選·長楊賦》注引）考核古書稱作校。這包括兩種情況：一是考辨學術源流，二是校改文字脫誤。劉向父子的校群書，則兼而有之。訓詁家注解古書，往往要校對文字，改正脫誤，如鄭玄的《毛詩箋》《三禮注》等。後來有些人把校和注區分開來，另立校注、校詮等名目，如宋鮑彪的《戰國策校注》等。前人考校文字脫誤時，一般不以意輕改，或記入注內，或另作"考異"。其校注有散入注內，亦有附於卷末的。其中網羅多種善本、列舉異同的，則稱爲"集校"、"會校"。著名的阮元《十三經注疏·校勘記》，便是附在各經的末尾的。

七、微

《說文》："微，隱行也。"引申爲隱微，精微。《漢書·藝文志》春秋類載有《左氏微》、《虞氏微傳》等，顏師古注："微謂釋其微指。"後世注述，稱"微"的很多，如：發微，闡微，顯微，明微，見微，解微，探微，窮微，指微，微旨，精微，微言等（並見《經義考》，參看周大璞《訓詁學要略》43頁）。前八個名稱是支配式詞組，後三個是並列式詞組，"微言"是偏正式詞組，但都是闡明、分析或探究經之微言大義的意思。

　　與"微"同義的有"隱"。《史記·司馬相如傳》索隱引李奇曰："隱猶微也。"唐代司馬貞注《史記》，名曰《史記索隱》。"索隱"即"探微"。

八、義疏

　　《說文》："義，己之威儀也。"經典通借爲"誼"，即義理的意思。《禮記》有《祭義》《冠義》《昏義》等篇，都是說明禮的義理的，其體制和古代傳注相近。

　　《說文》："疏，通也；從㐬從疋，疋亦聲也。""疋，足也；一曰：疋，記也。"注疏的疏，大概兼取疏通與疏記兩個意思。

　　義疏連言，即疏通其義的意思，可省稱爲義或疏。如六朝皇侃的《論語義疏》，其自序曰："侃今之講，先通何集。""何集"指何晏的《集解》。

　　義疏又叫義注，即注解其義的意思；又叫義章，即彰明（表明）其義；又叫義贊，即闡發其義（《唐書·儒林傳》："孔穎達與顏師古……受詔撰《五經義訓》凡百餘篇，號義贊，詔改爲正義云。"）；又叫義證，即證明其義；又叫義略，即義理的大略。其它如"章疏、注疏、講疏、講義、正義"等等，都是根據經注節次而疏通其義。"講義"，原義是講習用的義疏。"正義"，意思是解釋經傳而得義之正者。"疏"可以叫"正義"，如孔穎達的《五經正義》；但"正義"有時不一定是疏，如張守節的《史記正義》。

九、音義

辨音的書叫做音，釋義的書叫做義，合起來叫做音義。音義原來以辨音釋義爲本，但也往往從事校勘，如唐陸德明《經典釋文》所包括的那些《音義》無不如此。前面所引《商書·西伯勘黎》中"黎，力兮反"是注音，"國名"是釋義，"《尚書大傳》作'耆'"即是校勘。"釋文"就是"音義"的別名。

這一類書，又有稱作音訓、音詁、音注、音證、音隱等，皆異名而同實。

十、章句

《後漢書·桓譚傳》注："章句謂離章辨句，委曲枝派也。"這可能是章句最早的含義。沈欽韓《漢書疏證》曰："章句者，經師指括其文，敷暢其義，以相教授。"漢時章句是指發揮微言大義，大概就像後來經筵"講義"一樣。關於章句與故傳的區別，劉師培於《國學發微》指出："故傳二體，乃疏通經文之字句者也；章句之體，乃分析經文之章句者也。"趙岐《孟子章句》在各章末尾，都總括一下章旨。如：

《有爲神農之言者》趙岐："害神農務本，教於凡民，許
　行蔽道，同之君臣。陳相倍師，降於幽谷。不理萬情，謂
　之敦樸。是以孟子博陳堯舜上下之教以匡之也。"

這是在解釋字詞之外，還歸納段意。這種既解釋字詞，又串講文
章大意的解說方法，並非只在以"章句"爲名的注釋中才採用，
像"毛傳"、"鄭箋"，雖不以"章句"爲名，在注釋時也是串
講文意的。不過，一般說來，傳注比較簡明，而章句則多煩瑣，
所以"通人惡煩，羞學章句"（《文心雕龍·論說篇》）。

　　另外，還有"說、釋、述、學、證、問、難、論"等，就不
再一一細說了。

第三節　注疏的術語

　　訓詁學同其他科學一樣，有自身的術語。隨文釋義的注疏所
使用的術語，比起通釋語義的專著要多得多。這些訓詁術語多數
是從全民語匯中轉化來的，轉來之後便有特定的含義。不了解這
些術語的含義，讀起注疏來就會不知所云，也就談不上準確地理
解舊注。因此，解釋述語以注疏爲主，兼及專著。下面分類略加
介紹。

一、也，者

　　用"也"字是表明某詞的釋義已經說盡，用"者"字是提示

被釋的詞語。其格式是"甲，乙也。""甲者，乙也。"例如：

> 《易·乾傳》："元，始也。"
>
> 《孟子·滕文公上》"樹藝五穀"注："藝，種也。"
>
> 《孝經·庶人章》正義："庶者，眾也。"
>
> 《詩·周南·關雎傳》："淑，善；逑，匹也。"
>
> 《書·大傳》："堯者，高也，饒也。舜者，推也，循也。"
>
> 《禮記·月令》："省囹圄。"鄭注："囹圄，所以禁守繫者，若今別獄矣。"
>
> 《說文》："聿，所以書也。"段注："以，用也；聿所用書之物也。凡言'所以'者，視此。"

《關雎》一例是數詞連釋，只在最末一詞加用"也"字，前面的省去了。這在閱讀沒有句讀的注疏時應注意辨別。《書·大傳》一例是在某詞用一義仍不足以說盡時，再繼續解釋。最後兩例用了"所以"，是從某詞所表示事物的功能上來解釋該詞的。黃侃謂："古者名詞與動詞、靜詞相因，所以言之異耳。段君注《說文》，每加'所以'字，乃別名詞於靜動詞。"（《黃侃論學雜著》，165頁）

二、曰，爲，謂之

使用這幾個術語時，被釋的詞總是放在它們的後面。其格式是"乙曰甲。""乙爲甲。""乙謂之甲。"例如：

《詩·小雅》："憂心如酲。"傳："病酒曰酲。"

《論語·學而》："有朋自遠方來，不亦樂乎？"鄭注："同門曰朋，同志曰友。"

《楚辭·離騷》："各興心而嫉妒。"王逸注："害賢爲嫉，害色爲妒。"

《爾雅·釋天》："北極謂之北辰，河鼓謂之牽牛，明星謂之啓明。"

《爾雅·釋草》："華、敷，榮也。木謂之華，草謂之榮。"

《禮記·中庸》："天命之謂性，率性之謂道，修道之謂教。"

這幾個術語，不僅用來釋義，還用來區分同義詞或近義詞之間的細微差別。例一例四是釋義，其餘四例是用來區分近義詞。訓詁家或用"曰"，或用"爲"，或用"謂之"，可見它們的作用是一樣的。"謂之"又寫作"之謂"，如末一例。這種用法的"曰，爲，謂之，之謂"，大致等於現代漢語的"叫做"和"稱作"。

三、謂

"謂"和"謂之"不同。用"謂"時，被釋的詞都是放在它的前面。其格式是"甲謂乙"。例如：

《詩·柏舟》："母也天只。"毛傳："天謂父也。"

《詩·谷風》："何有何無。"毛傳："有謂富也，無謂貧也。"

《論語·爲政》："道之以政，齊之以刑。"孔注："政
謂法教。"

《論語·子罕》：·後生可畏。"何晏注："後生謂少年。"

《楚辭·離騷》："恐美人之遲暮。"王逸注："美人謂
懷王也。"

使用這個術語，往往是以具體釋抽象，以一般釋特殊。如"天"
是個抽象的概念，在《柏舟》詩裡專用來喻"父"，故特加"謂"
字表明。"有"和"無"是兩個寬泛的概念，便用"富"和"貧"
這兩個比較具體的概念去解釋它們。"後生"的概念比較特殊，
故用比較一般的概念"少年"去解釋。"美人"是通名，在《離
騷》裡實際上是專指楚懷王，所以也用"謂"字表明。"謂"字
相當於現代漢語的"是指"或"指的是"。

四、言

用"言"和用"謂"的格式相同，但用法不一樣。"謂"一
般用來解釋詞義，而"言"往往用來串講文意。"言者，有推衍
之義。"（林尹語）這是說，"言"有闡述和發揮的意思。例如：

《詩·魏風·葛屨》傳："其君儉嗇褊急。"孔疏："儉
嗇言愛物，褊急言性躁。"

《詩·召南·行露》："厭浥行露，豈不夙夜，謂行多露。"毛

傳：“豈不，言有是也。”

《詩·周南·卷耳》：“陟彼砠矣，我馬瘏矣，我僕痡矣，云何吁矣。”鄭箋：“此章言臣既勤勞於外，僕馬皆病，而今云何乎？其亦憂矣。深閔之辭。”

“謂”有時也用來串講句意：

《詩·鄭風·野有蔓草》：“野有蔓草，零露漙兮。”鄭箋：“零，落也。蔓草而有露，謂仲春之時，草始生，霜爲露也。”

五、貌

用“貌”字時，被釋的詞往往是表示性質或狀態的形容詞。其格式是“甲，乙貌”。例如：

《詩·衛風·氓》：“桑之未落，其葉沃若。”朱熹注：“沃若，潤澤貌。”
《楚辭·涉江》：“冠切云之崔嵬。”王逸章句：“崔嵬，高貌。”
《論語》鄭注：“恂恂，恭順貌。”

這種用法的“貌”字，略等於現代漢語“……的樣子”。

六、猶

用"猶"字有四種情況：一是同義相訓，二是說明引申義，三是以本字釋借字，四是以今語釋古語。其格式是"甲猶乙也"。例如：

《魏風·伐檀》："寘之河之側兮。"毛傳："側，猶崖也。"

《論語·先進》："吾不徒行以爲之椁。"皇疏："徒猶步也。"

《周禮》："體國經野。"鄭注："體猶分也。"賈公彥疏："謂若人之手足分爲四體，得爲分也。"

《孟子·梁惠王上》："老吾老以及人之老，幼吾幼以及人之幼。"趙岐注："老猶敬也，幼猶愛也。"

《文選·册魏公九錫文》："若贄疏然。"李善注引何休《公羊解故》："贄猶綴也。"

《禮記·郊特牲》："祭之日，王皮弁以聽祭報，示民嚴上也。"鄭玄注："報猶白也；夙興朝服以待白祭事者，乃後服祭服而行事也。"

《説文》"爾"下云："麗爾，猶靡麗也。"段注："麗爾，古語；靡麗，漢人語。以今語釋古語，故云'猶'。"

最後一例段氏已指明是"以今語釋古語，故云猶"。其餘六例，前二例是同義詞或近義詞進行解釋；中二例是點明被釋詞的引申義；後二例前者明通假（用本字破釋借字），後者明語源。這種"猶"字略等於現代漢語的"等於說"、"相當於"。

七、之言、之爲言

這兩個術語總是用來表示"聲訓"。其格式是"甲之言乙也"、"甲之爲言乙也"。例如：

《論語·季氏》："吾恐季孫之憂……在蕭墻之內也。"

鄭注："蕭之言肅也。墻謂屏也。君臣相見之禮至屏而加肅敬焉，是以謂之蕭墻。"

《禮記·內則》："庸之言用也。"

《爾雅·釋訓》："鬼之言歸也。"

《孟子·盡心下》："征之爲言正也。"

《論衡·卜筮篇》："夫蓍之爲言耆也，龜之爲言舊也。"

上引諸例，都用於探明語源，被釋詞往往是名詞，而釋詞則往往是形容詞或動詞，用來說明被釋詞所表示的事物的性質或作用。釋者和被釋者之間或同音，如"耆"和"蓍"（古人用"蓍、龜"卜問吉凶，因爲他們認爲蓍、龜即"耆舊"，壽命長，經驗多，能推測未來）；或近音，如"歸"和"鬼"（字調不同；釋"鬼"爲"歸"，因爲古人以爲"鬼"是人死歸於幽陰不見的地方），"蕭"和"肅"、"舊"和"龜"（皆雙聲）。

這兩個術語有時也用於說明通假，如《詩·召南·甘棠》：
"蔽芾甘棠，勿翦勿拜。"鄭箋："拜之言拔也。"

八、讀爲，讀曰，讀若，讀如

"讀爲""讀曰"往往是用本字來說明通假字。其格式是"甲讀爲乙""甲讀若乙"。舊訓詁家稱爲"破讀"。例如：

> 《詩·衛風·氓》："淇則有岸，隰則有泮。"鄭箋：
> "泮讀爲畔。畔，涯也。"
> 《考工記·輈人》："終日馳騁，左不楗。"注："杜子
> 春云：'楗讀爲蹇'。"
> 《書·堯典》："播時百穀。"鄭玄注："時讀曰蒔。"

"泮"的本義是冰裂，"時"的本義是時日，這裡分別當作"畔岸"和"種植"講，訓詁家用本字"畔""蒔"分別破讀，故用"讀爲""讀曰。"

"讀若""讀如"一般是用來注音，有時也用來破通假字。例如：

> 《說文》："噲，咽也。從口會聲。或讀若快。"
> 《禮記·中庸》："治國其如示諸掌。"鄭注："示，讀
> 如寘諸河干之寘。寘，置也。"
> 《周禮·太祝》："奇拜。"杜子春注："奇，讀如奇偶

之奇。"

可見，前二者和後二者有區別，但其間的界限並不很嚴格。段玉裁關於這兩對術語界限的說明，不完全符合訓詁的實際情況（參見《說文·示部》注）。對於多音多義之字，"讀如"起比擬作用，即用人們熟悉的詞來確定所釋詞的音義，如末例。"

九、當爲，當作

這兩個術語經常用來明白地糾正誤字。其中因字形相似而致誤者，即說明"字之誤"；因字音相同或相近而致誤者，即說明"聲之誤"。段玉裁《周禮漢讀考序》："凡言讀爲者，不以爲誤；凡言當爲者，直斥其誤。"例如：

《禮記·樂記》："武王克反商。"鄭注："反當爲及，字之誤也。及商，謂至紂都也。"

《戰國策·楚策》："以其類爲招。"王念孫云："類當作頸，字之誤也。"（《讀書雜志》一冊）

《禮記·檀弓下》："人喜則斯陶，陶則詠，詠斯猶。"鄭注："猶當爲搖，聲之誤也。"

《周禮·宗伯》："一曰祠，二曰命。"鄭注："鄭司農云，祠當爲辭，謂辭令也。"

《白虎通·封公侯》："諸侯二十國，厚有功，象賢以爲民也。"孫詒讓云："'二十國'當作'世國'，唐人避

　　'世'字作'卅'，與'二十'合文相似，故誤分爲二字。
下文又云'諸侯世位'亦可證。"

十、聲

　　"聲"是用來指明某詞是象聲詞。其格式是"甲，乙聲也"。
例如：

　　　　《詩·小雅·伐木》："伐木丁丁，鳥鳴嚶嚶。"毛傳：
　　　　"丁丁，伐木聲也。"
　　　　《詩·唐風·鴇羽》："肅肅鴇羽，集於苞栩。"毛傳：
　　　　"肅肅，鴇羽聲也。"
　　　　《詩·周南·關雎》："關關雎鳩，在河之洲。"毛傳：
　　　　"關關，和聲也。"

十一、辭，詞

　　使用這兩個術語，是指明被釋的詞是虛詞。例如：

《詩·周南·漢廣》："漢有游女，不可求思。"毛傳："思，
辭也。"
《廣雅·釋詁》："曰、欥、惟、每、雖、兮，者、其、各、而
鳥、豈、也、乎、些、只，詞也。"

《說文·白部》"皕"字下段注云："毛傳之例云'辭也'：如
芣苢之'薄'，漢廣之'思'，草蟲之'止'，載驅之'載'…
…皆是。《說文》之例云'某詞'：欠部'欨'為詮詞，'矣'
為語已詞，'矤'為況詞，'召'為出氣詞，'各'為異詞，
'爾'，詞之必然也，'曾'，詞之舒也，皆是。"

"某，辭也"，只是籠統地說是虛詞。另外還有"某之辭"
的說法。這有兩種用法：一是表示某種意義，二是表示某種語氣。
例如：

> 《儀禮·士冠禮》："願吾子之教之也。"鄭注："吾子，
> 相親之辭。"
> 《詩》箋："聊，且略之辭。"

十二、屬，別

使用這兩個術語，總是說明某詞所表示的事物的種類。例如：

> 《說文》："莪，莪蘿，蒿屬。"
> 《說文》："稗，禾別也。"

"屬"又稱作"醜"。例如：

> 《爾雅·釋草》："蘩之醜，秋為蒿。"郭璞注："醜，
> 類也。春時各有種名，至秋老成，皆通呼為蒿。"

段玉裁說："凡言屬者，以屬見別也。言別者，以別見屬也。重其同，則言屬；秔爲稻屬是也。重其異，則言別；稗爲禾別是也。"（《說文·禾部》"秔"字下注）段氏又以《周禮注》："州、黨、族、閭、比，鄉之屬別"爲例，指出："屬別並言，分合並見也。"

十三、古聲同，古字同

這兩個術語也是用來說明文字通假的。其格式是"古聲甲乙同"、"古字甲乙同"。例如：

> 《詩·邠風·東山》："烝在栗薪。"鄭箋："栗，析也，言君子又久見使析薪，於事尤苦也。古者聲栗裂同也。"
> 《詩·小雅·常棣》："烝也無戎。"毛傳："烝，填也。"鄭箋："古聲填、寘、塵同。"
> 《論語·公冶長》："無所取材。"《集解》引鄭玄注："古字材哉同耳。"

鄭箋以"析"釋"栗"，是以本字之義解釋借字，而"古聲栗裂同"是說明"栗、裂"通假。鄭箋"古聲填、寘、塵同"，是說三字古聲相同而可以通假；毛傳訓"烝"爲"填"，"填、寘"皆以"眞"爲聲符，古時聲與"塵"同。《釋詁》云："塵，久也。"故"烝"亦爲久義。

"古字某某同"，有時是指明異體字。例如：

《周禮・外府》鄭注：“鄭司農云：‘齎，或爲資。今禮家定齎作資’。玄謂齎資同耳，其字以‘齊’‘次’爲聲，從‘貝’變易，古字亦多或。”

十四、古曰，今曰；古謂，今謂

這兩對術語不是用來說明古今字，而是用來說明古今異詞，也就是古今異名同實。其格式是“古曰甲，今曰乙。”例如：

《周禮・外史》鄭注：“古曰名，今曰字。”
《論語》鄭注：“古者曰名，今者曰字。”
《禮記・中庸》鄭注：“古者謂子孫曰帑。”

如果要說明是古今異字，則以“某某古今字”或“某，古某字”表示。例如：

《詩・鹿鳴》鄭箋：“視，古示字。”
《禮記・曲禮》鄭注：“攘，古讓字。”
《說文》“余”字下段注：“‘余、予’古今字。凡謂古今字者，主謂同音，而古用彼、今用此異字。”

十五、或爲，或作，一本作，本作

這些術語都是用來校勘文字的異同。例如：

《周禮·夏官·職方氏》："其澤藪曰弦蒲。"注引鄭眾云："弦或爲汧，蒲或爲浦。"

《周禮·天官》注："玄謂政謂賦也，凡其字或作政，或作正，或作征。以多言之，宜從征，如《孟子》'交征利'云。"

《周易·乾文言》："處終而能全其終。"《釋文》："能全，一本作能令。"

《禮記·曾子問》："命毋哭。"《釋文》："毋，本作無。"

《說文》"禓"字下段注云："凡云'或爲'，者，必此彼音讀有相通之理。""或爲"即"或作"、"本作"即"一本作"，都是用來指出他書或別本之異文的。

十六、今文，古文，故書

西漢初年，隸書已經取代了古文、籀篆，各種經書都是用隸書寫的。後來魯恭王拆毀孔丘舊宅，從牆壁中發現了用古代的蝌蚪文字寫成的《禮記》《尚書》《春秋》《論語》《孝經》，這些被稱爲古文經；與此相對，那些用當時通行的隸字寫的經書被稱爲今文經。

漢代訓詁家鄭玄兼通古今文諸經，他爲經作注時，能用今文本、古文本和故書本來校對，擇善而從，並注明某字今文作某，古文爲某，故書作某。例如：

《儀禮·士相見禮》："毋改，眾皆若是。"注："古文毋作無，今文眾為終。"

《禮記·射義》："揚觶"注："今文《禮》揚皆作騰。"

《周禮·天官·大宰》："嬪貢。"注："嬪，故書作賓。"

《周禮·天官·大宰》："七事。"注："七事，故書為小事。"

　　"故書"即今所謂"舊本"，專用於《周禮》。這是因為《周禮》只有古文本，沒有今文本，所以不稱"古文"，而改稱"故書"。

十七、之

　　這是在釋詞之後增入"之"字。其格式為"甲、乙之也。"因為"之"是代詞，所以含有表示被釋詞用為動詞之意。例如：

《詩·大雅·靈台》："經之營之。"毛傳："經，度之也。"孔疏："經，度之，謂經理而量度之。"

《詩·周南·芣苢》："薄言有之。"毛傳："有，藏之也。"

　　"經"與"度"本非同義，所以增"之"字作釋。"有"不能直接訓釋為"藏"，而在《芣苢》中實有"藏"義，所以也加"之"字表明。

十八、乙

"乙"是校勘文字時的術語，不是"甲乙"之"乙"。用"乙"字，表示將原文詞序上下倒置，一般格式是"某某二字互乙"。例如：

《莊子·大宗師》："吾猶守而告之參日，而後能外天下。"聞一多案："當作'告而守之參日'，下文曰'守之七日'、'守之九日'可證。《疏》（指成玄英疏）曰：'今欲傳告，猶自守之'，是成本正作'告而守之'。今據乙正。"

十九、渾言，析言；散文，對文

"渾言"是籠統地說，"析言"是分析地說。它們經常用來說明同義詞解釋之所以不同的原因。例如：

《說文》："走，趨也。"段注："《釋名》'徐行曰步，疾行曰趨，疾趨曰走。'此析言之。許渾言不別也。"
《說文》："鳥，長尾禽總名也。"段注："短尾名隹，長尾名鳥。析言則然，渾言則不別也。"

"渾言"，又稱為"統言"和"通言"。例如：

《說文·宮部》：“宮，室也。”段注：“宮言其外之圍
繞，室言其內。析言則殊，統言不別也。”

《禮記·曲禮下》：“生曰父，曰母，曰妻；死曰考，曰
妣，曰嬪”。正義：“此生死異稱，出《爾雅》文，言其
別於生時耳。若通而言之，亦通也。”

“渾言”，還可以稱爲“散文”或“散言”；“析言”，也可以
稱作“對文”或“對言”。“對言”就是相對地說，“散言”就
是不相對地說。相對而言的文辭，稱作“對文”；不相對而言的
文辭稱作“散文”。例如：

《詩·大序》：“情發於聲，聲成文謂之音。”正義：
“此言‘聲成文謂之音’，則聲與音別，……對文則別，
散則可以通。”

《詩》：“出此三物”。毛傳：“民不相信則盟詛之，君
以豕，臣以犬，民以雞。”馬瑞辰《毛詩傳箋通釋》：
“毛傳通言‘盟詛’者，盟與詛亦散言則通，對言則異也。”

說“渾言”“散文”，是異中求同；說“析言”“對文”，是同
中求異。二者旨在辨別外延相同而內涵有別的概念之間的差異。

二十、互言，互文，互辭

這些術語都是用來指明古文中，有些文句前後參互見義、互

相補充。賈公彥《儀禮·注疏》云：“凡言互文者，是兩物各舉一邊而省文，故云互文。”例如：

> 《詩·小雅·采芑》：“鉦人伐鼓，陳師鞠旅。”鄭箋：
> “鉦也，鼓也，各有人焉。言‘鉦人伐鼓’，互言爾。…
> …陳師告旅，亦互言之。”
> 《詩·小雅·楚茨》：“楚楚者茨，言抽其棘……我倉既
> 盈，我庾維億。”鄭箋：“茨言‘楚楚’，棘言‘抽’互
> 辭也。……倉言‘盈’，庾言‘億’，亦互辭，喻多也。”
> 《詩·大序》：“動天地，感鬼神。”正義：“天地云‘
> 動’，鬼神云‘感’，互言耳。”
> 杜甫《狂夫》：“風含翠筱娟娟淨，雨浥紅蕖冉冉香。”
> 宋人羅大經《鶴林玉露》云：“上句風中有雨，下句雨中
> 有風，謂之互體。”（卷七，9頁）
> 《左傳·隱公元年》：“公入而賦，大隧之中，其樂也融融；姜
> 出而賦，大隧之外，其樂也泄泄。”孔《疏》引服虔云：
> “入言公，出言姜，明俱出入，互相見。”

互文見義，是古代書面語言一種特有的表達手段。所謂“鉦人伐鼓”，是說“鉦人擊鉦，鼓人伐鼓”；同樣，“陳師告旅”是說“陳師告師，陳旅告旅”。其餘各例依此類推。

第四節　注疏的方式

一、同義相訓

　　這是用同義詞解釋詞義，是一種常見的方式。它的長處是簡潔明瞭。特別是隨文注釋，詞義在上下文中是確定的，只要用一個易懂的同義詞就點明了。如：

　　《詩·蒹葭·毛傳》："晞，乾也。"

　　《方言》卷十："崽者，子也。"

　　《廣雅·釋言》："虲，是也。"

　　《爾雅·釋詁》："柯、憲、刑、范、辟、律、矩、則，法也。"

　　《廣雅·釋訓》："拳拳、區區、款款，愛也。"

　　《爾雅·釋宮》："宮謂之室，室謂之宮。"

　　《說文》："咽，嗌也。""嗌，咽也。""入，內也。""內，入也。"

　　《詩·芣苢·毛傳》："芣苢，馬舄；馬舄，車前。"

　　《爾雅·釋言》："速，徵也。""徵，召也。"

　　《爾雅·釋魚》："蠑螈，蜥蜴；蜥蜴，蝘蜓；蝘蜓，守宮也。"

前三例是一個詞用另一個同義詞來解釋；第四、五兩例是指若干個同義詞類聚在一起，再用一個通用的詞加以解釋；六、七兩例是兩個同義詞互相訓釋；末三例是幾個同義詞輾轉遞訓。同義相訓的方式有很大的局限。這首先是因爲彼此意義完全相同的同義詞是不存在的，因而也就揭示不出被釋詞的詞義特點；其次，從實用方面來說，若是對同義詞感到生疏，詞義仍然無從理解。

二、反義相訓

這是用某詞的反義詞來解釋該詞的意義。這主要是因爲有些詞在上古本來兼有正反兩種意義，後世只通行其中一種；另外，由對比引起的聯想也是造成反訓的一個原因。如：

> 《爾雅·釋詁》："徂，存也。""亂，治也。""故，今也。""曩，曏也。"郭璞注："以徂爲存，猶以亂爲治……此皆訓詁義有反覆旁通，美惡不嫌同名。"
>
> 《廣雅·釋詁》，"貸"訓"借"又訓"與"，"稟"訓"受"又訓"與"；《釋言》"陶"訓"喜"又訓"憂"，"毓"訓"長"又訓"稚"。

反訓作爲語義訓釋的一種手段，由《爾雅》開創，並由郭璞注闡明。這種訓詁現象雖然範圍有限，但了解它對閱讀古籍不是沒有幫助的。如"面"有面向義，《書·周官》"不學牆面"。孔疏："人而不學，如面向牆。""面"又有相背義，故《韻會》："相背曰面。"後世加人旁爲"偭"字，專用爲面向及相背義。《說文》有"偭"字，釋作"鄉"。而屈原《離騷》"因時俗之工巧兮，偭規距而改錯"中的"偭"，王逸《楚辭章句》解作"

背"。《項羽本紀》："項王身亦被十餘創。……馬童面之，指
王翳曰：'此項王也。'"王伯祥《史記選》注："馬童爲漢追
逼項王，……及爲項顧見相呼，只得面對著項王……。"王利器
《史記選注》解作"面向著他，瞧著他的意思。"二注都拘泥於
字面，於上下文不合，因爲面對項王和指示王翳是彼此矛盾的。
此"面"字應反訓爲"背"。《漢書‧項籍傳》"馬童面之"，
顏師古注："面謂背之，不面向也。面縛亦反背而縛之。"

三、以狹義釋廣義

這是用概念外延較小的詞語解釋概念外延較大的詞語。如：

> 《論語‧爲政》："道之以政，齊之以刑。"孔注："政
> 謂法教。"
> 《禮記‧樂記》："以道制欲，則樂而不亂；以欲忘道，
> 則惑而不樂。"鄭注："道謂仁義也，欲謂邪淫也。"

"政""道""欲"的概念比較抽象，所以用比較具體的概念
"法教""仁義""邪淫"來分別解釋它。

四、以共名釋別名

這是指出某一事物所屬的種類。如：

　　　　《説文》：“薇，菜也。”“李，果也。”“珞，玉也。”
　　“疴，病也。”“橙，桔屬。”

既是指出種類，在釋義上當然顯得粗疏。

五、標明義界

　　這是用下定義的方式來表述詞義的內容和特點。前面所說義
訓的各種方式，多半是用單詞解釋單詞，而單詞往往多義，因而
所釋的意義也是不夠明確。標明義界是用若干個詞語來說明某一
詞的含義。這就可以彌補前幾種義訓的缺陷，把詞義表述得清楚
明確。如：

　　　　《詩·沔水·傳》：“規，正圓之器也。”
　　　　《詩·小雅·巧言》：“君子信盜，亂是用暴。”毛傳：
　　“盜，逃也。”鄭箋：“盜謂小人也。”
　　　　《説文·衣部》：“衰，草雨衣也。”
　　　　《説文·赤部》：“赧，面慚而赤也。”

其中第二例，同是一個“盜”，毛傳用的是音訓，鄭箋是標明義
界，並非異訓。以上四例說明，給詞下定義是仿照概念邏輯定義
的方式，即共名加上義差。如“器”是“規”的共名，而“正圓”
是義差，從作用上標明“規”與鄰近詞不同的意義部分。又如
“衣”是“衰”（今寫作“蓑”）的共名，其義差“草雨”是從

原料和用途兩方面標明其詞義特點。

六、由反知正

這是用反義詞加上否定詞來闡明詞義。如：

> 《説文》："拙，不巧也。""暫，不久也。""假，非
> 眞也。""悒，不安也。"

王力先生說："此類以形容詞爲多。有些形容詞，若用轉注（指
互訓）法，往往苦無適當的同義詞；若用描寫法，又很難於措詞。
恰巧有意義相反的一個字，就拿來加上一個否定詞，作爲注釋，
既省事，又明白。"（《理想的字典》）

七、增字足意

這是把被釋詞放在釋詞的地位，另外增加一個或幾個詞以完
足詞義的訓釋。如：

> 《詩・邶風・靜女》："靜女其姝。"毛傳："靜，貞靜
> 也。"
> 《詩・大雅・瞻卬》："此宜無罪，汝反收之。"毛傳：
> "收，拘收也。"
> 《論語・先進》："由也爲之，比及三年，可使有勇，且

　　　　知方也。”何晏《論語集解》：“方，義方。”

　　　　《說文》：“與，黨與也。”“寬，屋寬大也。”“維，
　　　　車蓋維也。”“綆，汲井綆也。”

前二例被釋詞“靜”、“收”有多種義項，所以分別加“貞”、
加“拘”，使詞義明確。《說文》最後三例則是在被釋詞外加上
指明事物性質和用途的詞語，使詞義完足。例三，王力先生主編
《古代漢語》注：“方，道義的方向。”（第一冊187頁）其實，
何晏所注的“義方”的“方”，不是“方向”的意思。這是由於
不了解增字足意的訓詁方法和“義方”的內部結構而造成的誤解。
鄭玄注：“方，禮法也。”何晏注的“義方”即鄭玄注的“禮法”，都
是同義並列。《禮記·樂記》：“樂行而民鄉方。”（鄉，即歸
向。）鄭玄注：“方猶道也。”《左傳·閔公二年》：“敬教，
勸學，授方，任能。”杜預注：“方，百事之宜也。”可見“論
語·先進”的“方”是道義、道理的意思。

八、描述比況

　　這是對詞所表示的事物加以描寫，或用類似事物加以比擬。
如：

　　　　《爾雅·釋鳥》：“二足而羽謂之禽，四足而毛謂之獸。”
　　　　《說文·水部》：“漏，以銅受水，刻節，晝夜百節。”
　　　　《釋名》：“攬，斂也，斂置手中也。”

《周禮·春官·典瑞》："珍圭以徵守。"杜子春注：
"以徵守者，以徵召守國諸侯，若今時徵郡守以竹使符也。"

《周禮》："書其能者與其良者而以告於上。"鄭司農曰：
"若今時舉孝廉方止、茂材異等。"

《爾雅·釋獸》："兕，似牛。犀，似豕。"

《釋名》："日月虧曰食，稍稍侵蝕，如蟲食草木葉也。"

前面三例是描寫，有描寫實物，有描寫動作；後面四例是比況，
有以今制擬古制，有以彼物擬此物。可以看出，這種方式不是直
接說明語詞的涵義，其特點是解說形象生動，能使人通過聯想對
被釋詞有個具體形象的認識。因此，這種方式一般用於訓釋名物，
而不能用來解釋抽象的概念。

第六章　通釋語義的專著

　　通釋語義的專著是和隨文釋義的注疏相對而說的。從訓詁的發展史來看，是先有傳注，後有專著；而最初的專著也不過是對隨文釋義的纂集。以後二者並行不悖，相互參考，相互補充。由前一章的介紹可以看出，注疏書是針對某一具體的解釋對象而作的有個性的注解。至於通釋語義的專著，卻是脫離了某一具體的解釋對象而作的總括性的注解，就是說，它所解釋的不是某一詞語在某一句、某一篇乃至某一書裡的含義，而是某一詞語常用的、基本的或全部的含義。其釋義體例不是隨文而釋，大多是全面研究各個詞語的含義，給以準確而簡明的解釋。此類專著數量極多，內容和形式也多種多樣。

　　黃侃在談到訓詁根柢書時，曾經說過："一，爾雅，釋群經之義，無此則不能明一切訓詁；二，說文，釋文字之原，無此則不能得一切文字之由來；三，方言，釋時地不同之語，無此則不能通異時異地之語言；四，釋名，釋文字得音之原，無此則不知聲音相貫通之理。"（《制言》第七期）

　　因此，在這一章我們重點介紹這四部有代表性而又影響大的訓詁專著。

第一節　義訓匯編的《爾雅》

一、《爾雅》的取名和成書

關於《爾雅》的取名，從前有不同說法。

劉熙《釋名》："爾，昵也，近也；雅，義也，正也。"《爾雅》訓爲"近正"，即接近雅言的意思。

郭璞《爾雅注》認爲，《爾雅》"所以釋古今之異言，通方俗之殊語。"那是說，《爾雅》的"接近雅言"包含兩個方面：一是溝通各地方言，二是溝通古今異語。阮文達《與郝蘭皋論爾雅書》："《爾雅》一書皆引古今天下之異言，以近於正言。正言者，猶今官話也；近正者，猶各省之音近官話者也。"

黃侃《爾雅略說》另有一種解釋；"雅之訓正，誼屬後起，其實即'夏'之借字。《荀子·榮辱篇》云：'越人安越，楚人安楚，君子安雅。'《儒效篇》則云：'居楚而楚，居越而越，居夏而夏。'二文大同，獨雅、夏錯見，明雅即夏之假借也。"據此，所謂雅言，不過是華夏的共同語。

關於《爾雅》的作者及成書年代，過去有三種說法：鄭玄說是"孔子門人所作"，那麼成書在東周；張揖說是"周公……著爾雅一篇"，那麼成書早在西周；歐陽修說"是秦漢之間學詩者纂集說詩博士解詁"。

《爾雅》所收集的材料，早至西周，晚至漢代，看來不是一人一時所作，而是經過一段比較長的時間，由很多人雜採幾代的資料逐步完善的。當今多數學者認爲，《爾雅》之成書時代當在西漢初年。

二、《爾雅》的編排和內容

《爾雅》共十九篇，可分爲兩大類：前三篇所釋，爲表達一般意義的詞語，採用"同義類聚"的編排法，無異於"同義詞詞典"；後十六篇所釋，爲各類名物，即專科詞語，無異於"百科詞典"。

前三篇各名爲《釋詁》《釋言》《釋訓》。郝懿行關於此三篇篇名的解釋，是大多數學者所同意的：《釋詁》"皆舉古言，釋以今語"；《釋言》"約取常用之字，而以異義釋之"；《釋訓》"多形容寫貌之詞，故重文迭字累載於篇"。這樣說不無道理，但前面說過，三者之間的區別並不十分明顯。

這三篇歸納材料的條例，參照胡樸安所說，有以下幾項可供參考：

(1)同字異訓。如"爽，差也；爽，忒也。"（釋言）

(2)異字同訓。如"顝，明也；茅，明也。"（釋言）又如"皇、王"同訓"君"。

(3)同字異訓義通。如"憮、龐，大也；憮、龐，有也。"（釋詁）"祺，祥也；祺，吉也。"郝懿行《爾雅義疏》云："憮、龐既訓大，又訓有者，有、大義近。《易‧雜卦》：'大、有，衆也。'有與大皆豐厚之意，故其義相成矣。"

(4)異字同訓義異。如"栖、遲、憩、休、苦、齂、呬，息也。"（釋詁，朱駿聲云："憩字亦作憩。"）七個被釋詞，前五個是止息之息，後兩個是氣息之息。此所謂合二義於一條者也。

(5)相反爲訓。如"繇，憂也；繇，喜也。"郭璞云："訓詁
義有反覆旁通，美惡不嫌同名也。"

(6)同音爲訓。如"錫，賜也。"《易·師卦》："王三錫命。"
《釋文》："錫，徐音賜。"

(7)因下字而更訓其同聲之字。如"憎，曾也；增，益也。"

(8)因下字而轉訓。如"煽，熾也；熾，盛也。"

後十六篇皆釋名物，包括社會現象和自然界事物。

《釋親》，解釋親屬名稱，也就是一種社會關係。其中又分
爲宗族、母黨、妻黨、婚姻四類。例如：

> 父爲考，母爲妣。
>
> 母之考爲外王父，母之妣爲外王母。
>
> 妻之父爲外舅，妻之母爲外姑。
>
> 婦稱夫之父曰舅，稱夫之母曰姑。

《釋宮》，解釋宮室以及有關的道路、橋樑的名稱。例如：

> 宮謂之室，室謂之宮。
>
> 牖戶之間謂之扆。其內謂之家，東西牆謂之序。
>
> 路、場、猷、行，道也。

《釋器》，解釋各種器物的名稱。例如：

> 木豆謂之豆，竹豆謂之籩，瓦豆謂之登。

肉曰脫之，魚曰斮之；肉謂之羹，魚謂之鮨。肉謂之醢，
有骨者謂之臡。

《釋樂》，解釋音樂和樂器的名稱。例如：

宮謂之重，商謂之敏，角謂之經，徵謂之迭，羽謂之柳。
大瑟謂之灑，大琴謂之離。

《釋天》，解釋有關天文的名稱，分為四時、祥、災、歲陽、
歲名，月陽、月名、風雨、星名、祭名、講武、旌旗十二類。例
如：

穹蒼，蒼天也。春為蒼天，夏為昊天，秋為旻天，冬為上
天。
穀不熟為饑，蔬不熟為饉，果不熟為荒，仍飢為薦。注旄
首曰旌，有鈴曰旂。

《釋地》，解釋有關地理的名稱，分為九州、十藪、八陵、
九府、五方、野、四極七類。例如：

邑外謂之郊，郊外謂之牧，牧外謂之野，野外謂之林，林
外謂之坰。
九夷、八狄、七戎、六蠻，謂之四極。

《釋丘》，解釋高地與崖岸的名稱。例如：

> 絕高謂之京，非人爲之丘。
> 墳，大防。涘爲崖。

《釋山》，解釋群山的名稱及其形體。例如：

> 河南，華；河西，岳；河東，岱；河北，恒，江南，衡。
> 石戴土謂之崔嵬，土戴石爲砠。

《釋水》，解釋有關水流的名稱，分爲水泉、水中、河曲、九河四類。如：

> 江河淮濟爲四瀆。
> 大波爲瀾，小波爲淪。
> 水中可居者曰洲，小洲曰渚。

《釋草》，解釋草本植物的名稱，其中包括一部分木本植物。或詳其形狀，或別其異稱。例如：

> 茶，苦菜。
> 荷，芙蕖；其莖，茄；……其華，菡萏；其實，蓮；其根，藕；其中，的；的中，薏。

《釋木》，解釋木本植物的名稱。如：

> 杜，甘棠。
>
> 木族生爲灌。

《釋蟲》，解釋昆蟲的名稱，約言其類。例如：

> 蚍蜉，大蟻；小者，蟻。
>
> 食苗心，螟；食葉，蟘；食節，賊；食根，蟊。

《釋魚》，解釋魚類動物的名稱，其中包括爬行動物。例如：

> 魾大，鱯；小者，鮡。
>
> 蠑螈，蜥蜴；蜥蜴，蝘蜓；蝘蜓，守宮也。

《釋鳥》，解釋鳥類動物的名稱，包括有翼能飛的蝙蝠、鼯鼠之類。例如：

> 雎鳩，王鴡。
>
> 舒雁，鵝；舒鳧，鶩。
>
> 蝙蝠，服翼。

《釋獸》，解釋獸類動物的名稱，分爲寓屬、鼠屬、齸屬、須屬四類。如：

　　羆，如熊，黃白文。

　　牛曰齝（食之已久，復出嚼之），麋鹿曰齸（咽），鳥曰嗉
（咽中儲食處）。

　《釋畜》，解釋家畜的名稱，以別於山澤之野獸。分爲馬屬、
牛屬、羊屬、豕屬、狗屬、雞屬六類（今本豕屬誤入獸類）。如：

　　牡曰騭，牝曰騇。

　　黑唇，犉；黑眥，牰；黑耳，犚；黑腹，牧；黑腳，犈，
　　其子，犢。

　　羊牡，羒；牝，牂。

三、《爾雅》的價值和缺陷

　　《爾雅》是我國最早的一部訓詁專書。由於它第一次把"古
今之異言"和"方俗之殊語"以及各種名物加以全面、系統的研
究和整理，匯成粗具條理的漢語分類詞典，因而爲我國早期訓詁
學奠定了堅實的基礎。《爾雅》這部書的價值，主要在於保存了
漢語詞語的故訓和古代社會的禮俗。

　　《爾雅》由於成書很早，距上古文獻的時間很近，保存的上
古詞義和名物資料極爲可靠，因而不但可以用來稽古，還可以用
來證今，既可以借以區分古今詞義，又可以憑以聯繫古今詞義，
尋找詞義變化的線索。以常用詞"濟"字爲例，《爾雅·釋言》：
"濟，渡也；濟，成也；濟，益也。"這三個意義正是上古文獻
中"濟"的常用義。《詩·北風·匏有苦葉》："濟有深涉"，

《毛傳》："濟，渡也。"《禮記·樂記》："事蚤濟也"，《鄭注》："濟，成也。"《左傳·桓公十一年》："盍請濟師於王"，"濟"即訓"益"。現代漢語成語有"同舟共濟"，"濟"即當"渡河"講；有"人才濟濟"，"濟"當"衆多"講，由《爾雅》提供的義項可以知道，"衆多"義正是"增益"義的引申；現代漢語還有複合詞"救濟""接濟"等，"濟"當"幫助"講，而"幫助"義也是"增益"義引申的結果。"濟"的"幫助"義，在現代漢語裡是常用義，而在古代文獻裡卻很少使用。

再拿古代的禮俗來講，《離騷》："攝提貞於孟陬兮"，據《爾雅·釋天》："太歲在寅日'攝提格'"，"正月爲陬"，原來那句是說屈原生於甲寅年的正月。

由此可見，《爾雅》是我們學習古代文獻的重要工具。沒有這本訓詁書，先秦作品就很難理解；而且古代漢語語義發展的歷史也就不容易探索了。

現在看來，《爾雅》主要有兩個缺陷。其一，在分類上不盡科學。如《釋宮》涉及道路、橋樑，《釋器》包括衣服、食物，《釋天》把講武、旌旗與四時、祥災並列，《釋草》把某些木本植物歸入草類，牛屬有犢，羊屬無羔，等等；再如形容寫貌之詞一般都歸入《釋訓》，而"皇皇、藐藐、穆穆，美也"和"關關、噰噰，音聲和也"兩條卻收入《釋詁》，"朔北方也"以下三十多條並非形容寫貌之詞，卻歸入《釋訓》。後者也證明書成諸手，後人增補，因而體例不一。其二，在釋義上往往使用多義詞，意義不夠明確。如《釋詁》："弛，易也。"而"易"有易直、更易、交易、延易數義。又《釋言》："貽，遺也。"而"遺"又有"亡"義（見《說文》）。特別是在被解釋的一組詞中，有的詞義本不相同，卻硬把它們合在一起，用同一個詞去解釋，更加容易使人誤解。前面條例中說的"合二義於一條者"即是，如"台、朕、賚、畀、卜、陽，予也。" "予"有"我"和"賜"二義，"台、朕、陽"是"我"義，而"賚、畀、卜"則是"賜"義。這是兩組義不相關的詞，卻把它們放在一起，又用一個多義詞來解釋。若不了解《爾雅》的這個缺陷，像查字典一樣隨意選擇一條就用，閱讀古代文獻和研究古代詞義都可能出現誤差。

四、《爾雅》的注疏

《爾雅》的白文比較簡單，其訓釋不但兼有本義、近引申義、遠引申義，而且還有一些是在特殊語言環境裡的特殊含義，文字上也有本字和假借字之別，即使是歸納在同一訓釋詞裡的許多詞，嚴格說來，也只能說是同訓詞，它們的同義很多是局部的，是有條件的。因此，不參考一些注疏書，不僅讀起來感到困難，而且作用也不大。

《爾雅》自成書以來，已有不少人對它進行過研究，寫出了不少注釋書。其中適合參考的首先是晉代郭璞作的注。例如：

> 《釋詁》："初、哉、首、基、肇、祖、元、胎、俶、落、權輿，始也。"郭注："《尚書》曰：'三月哉生魄。'
> 《詩》曰：'令終有椒'，又曰：'訪予落止'，又曰：

‘胡不承權輿’。胚胎未成，亦物之始也。其餘皆義之常
行者耳。……”

《釋言》：“脤、身，親也。”郭注：“謂躬親。”

《釋訓》：“藹藹、濟濟，止也。”郭注：“皆賢士盛多
之容止。”

《釋草》：“葴，寒漿。”郭注：“今酸漿草，江東呼曰
苦葴，音針。”

從以上四條可以看出，郭注提示的內容包括：⑴提供訓釋材料的
依據、出處，如“三月哉生魄”出自《尚書》；⑵說明訓釋詞所
用的是多義詞的哪個義項，如“脤、身”訓“親”，“親”是
“躬親”，即是“親自”“自己”的意思；⑶提供今名和稱呼的
地域，如“葴”；⑷提供音讀，如“葴音針”。

不過，郭注今天看來已嫌簡略，要讀郭注又需要參考後人作
的疏。爲《爾雅》郭注作疏的最常見的有兩家；一是宋人邢昺的
《爾雅注疏》，一是清人郝懿行的《爾雅義疏》。後者問世較晚，
吸取了先前諸家的長處，所以流傳最廣。如：

《爾雅·釋詁》：“宏、溥、純、駿、路，大也。”郝疏：
宏，“《史記·司馬相如傳》：‘必將崇論閎議’，《漢
書》‘閎’作‘弘’，《一切經音義》十七：‘宏，古文
弘同。’宏與皇亦聲轉，皇亦大也。”溥，“《詩·小雅
·北山》‘溥天之下’，《左昭七年傳》及《孟子·萬章
上》並作‘普天之下’。……溥旁聲轉，《說文》：‘旁，

薄也。'聲轉爲旁薄，又爲旁魄，又爲彭魄，又爲旁勃、
盤礴"。純，"純者，奄之假借也。《説文》：'奄，大
也。讀若鶉。'經傳通作'純'。《周語》云：'俾莫不
任肅純恪'，《文選·魯靈光殿賦》云：'承蒼昊之純殷'，韋
昭及張載注並云：'純，大也。'……純又有好義、美義、
善義。純又訓善者與介同意。介訓善又訓大，故純訓大，
又訓善也。純，通作淳……"駿，"《説文》：'俊，才
過千人也'，俊、駿、峻、浚，音義皆通。"路，"《詩
·生民》：'厥聲載路'，毛傳：'路，大也。'經傳凡
言路寢、路車、路馬，皆爲大。通作輅。《玉篇》云：
'輅，大車。'《荀子·哀公問》：'繞而乘路者'，注
引舍人注《爾雅》云：'輅，車之大者。'《後漢書·張
湛傳》：'軾輅馬'注引《曲禮》：'式路馬'作'軾輅
馬'，云'輅，大也'，是路、輅通矣。"

顯而易見，郝氏《義疏》吸取了清代古音學的成就，運用了"聲
近義通"的訓詁原則，因而在疏解《爾雅》時能夠觸類旁通。

第二節　溝通殊語的《方言》

一、《方言》的全稱和作者

　　《方言》一書全稱爲《輶軒使者絶代語釋別國方言》。由全
稱可知，此書包括"絶代語釋"（"絶代"是"遠代"的意思）

和"別國方言"兩個方面的內容，郭璞《方言序》也說此書"考九服之逸言，標六代之絕語"（"九服"指地域而說）。不過主要是"別國方言"，故簡稱《方言》。

　　《方言》舊題漢揚雄撰。揚雄，字子云，西漢末年蜀郡人。《漢書·揚雄傳》備載揚雄著述，未提《方言》一書；《漢書·藝文志》亦未錄此書。因此有人懷疑是"好事者所偽造"（洪邁《容齋隨筆》），不是揚雄所作。清戴震曾予以反駁。據劉歆《與揚雄書》："屬聞子云獨採集先代絕言、異國殊語，以為十五卷。"可見揚雄確有《方言》之作。東漢靈帝獻帝之際，應劭作《風俗通義》，序中詳載揚雄作《方言》事："周秦常以歲八月，遣輶軒之使，求異代方言，還奏籍之，藏於秘室。及嬴氏之亡，遺棄脫漏，無見之者。蜀人嚴君平有千餘言，林閭翁孺才有梗概之法。揚雄好之，天下孝廉衛卒交會，周章質問，以次注續，廿七年，爾乃治正，凡九千字。"應劭的說法不會沒有根據。劉歆欲借觀雄書而未得，故著《七略》時不載。《藝文志》本依《七略》而作，所以也沒有著錄。

二、《方言》的體例和內容

　　《方言》在內容和體例上都受《爾雅》的直接影響。不僅分類略照《爾雅》，而且在訓詁方法上也相似，都是每條先列舉一些同義詞，然後用一個常用詞來解釋。但是，《方言》同《爾雅》相比，有一個明顯的區別。《爾雅》所載是古書的故訓，而《方言》所載卻是活人的口語。這就是說，《方言》中除有周代記錄的古方言外，還有揚雄在"孝廉衛卒"當中親自調查來的西漢方言。這樣一來，《方言》在訓詁方法上也同《爾雅》有所不同。《方言》中所列的同義詞不是屬於同一詞匯的，而是屬於各個不同的方言詞匯的，這就構成了方言之間的互釋，互釋之後還須說明某詞屬於某方言。全書約十分之九皆如此。

《方言》所載詞語可分爲以下五類：

(1)通語，或稱凡語、凡通語、通名等，指沒有地域限制的西漢比較通行的普通話。通語也就是民族共同語。如：

> 娥、㜲，好也。……好，其通語也。（卷一）
> 嫁、逝，往也。……往，凡語也。（卷一）
> 釥、嫽，好也。……好，凡通語也。（卷二）

(2)某地某地之間通語，指通行區域較廣的方言。如：

> 攓、翁，聚也。……楚通語也。（卷三）
> 覆結謂之幘巾，……皆趙魏之間通語也。（卷四）
> 蛉蛷，……西楚與秦通名也。（卷十一）

(3)某地語，或稱某某之間語，指各別的方言，其範圍比上一類較狹。如：

> 黨、曉、哲，知也。楚謂之黨，或曰曉；齊宋之間謂之哲。
> （卷一）

嫁、逝、徂、適，往也。……逝，秦晉語也；徂，齊語也；
適，宋魯語也。（卷一）

(4)轉語，或稱語之轉，指因時代或地域不同而發生聲韻差異
的方言詞。如：

庸謂之倯，轉語也。（卷三）

攍、鋌、漸，盡也。……鋌，賜。……鋌，空也，語之轉
也（卷三）

煤，火也，楚轉語也。（卷十）

蠅蝓者，侏儒，語之轉也。（卷十一）

這表明方言詞匯的差異很多是語音的對應關係，如"庸、倯"
迭韻，"煤、火"雙聲。

(5)古今語，或稱古雅之別語，指殘留在當時漢語中用處有局
限性的古詞或古代不同的方言詞。如：

敦、豐……大也。凡物之大貌曰豐……凡人之大謂之奘，
或謂之壯；燕之北鄙、齊楚之郊，或曰京，或曰將，皆古
今語也。（卷一）

假、格、懷……艐，至也。……摧、詹、戾，楚語也；艐，
宋語也；皆古雅之別語也，今則或同。（卷一）

後一條是說，"摧、詹、戾、緃"這四個方言詞，在古代就是雅

言的別名，也就是從共同語中分化出來的方言詞。早先，楚語叫做"摧、詹、戾"，宋語叫做"鑱"，到了揚雄的時候，這四個詞，有的地方已互相通用，沒有什麼不同了。

《方言》一書所指稱的方言區域相當複雜，有的是古國名，如秦、晉、齊、宋、周、吳、越等；有的是州名，如幽、冀、並、豫、兗、揚、荊等；有的是郡名，如代、汝南、沛、廣漢、蜀、巴等；還有縣名、水名、山名等。書中有一個最大的劃分，就是以函谷關爲界：函谷關之東叫做關東或自關以東，函谷關之西叫做關西或自關以西。

以上所提及的秦、晉、齊、宋、楚等，都是獨立的方言區。其中稱引秦晉方言最多，而又每每與所舉通語相同，可見秦晉方言應是西漢時代全民語言的基礎方言。

《方言》不僅是漢語方言學的開山之作，而且是很有價值的一部訓詁專書，在訓詁研究上開闢了一條新的道路。《爾雅》、《說文》等都是以古代文獻的書面語爲研究對象，而《方言》是以當時活的口頭語爲研究對象。《方言》的作者直接搜羅方言材料，拿來和已有的書面材料進行對比，以方言釋古語，以通語釋方言，結果縱橫兩方面都兼貫會通了。

正因爲《方言》是以漢代口頭語爲研究對象，所以記錄了漢代已經存在的大量的雙音詞。在別的古書裡，我們看見的雙音詞差不多都是迭音詞和連綿字，此外就是一些複合詞或帶複合性質的詞，如"天子"、"大夫"之類；而《方言》卻記載了不少既非雙聲又非迭韻的地道的雙音詞。如：

謾台、脇鬩，懼也。

恒慨、蔘綏、羞繹、紛母，言既廣又大也。

褸裂、須捷、挾斯，敗也。

上引"謾台(man yi)、恒慨、羞繹、紛母、須捷、挾斯"都不是連綿字。

這部書除了記錄"別國方言"以外，還記載了"絕代語釋"，也就是保存了一些古代的詞義。注明"古今語"的，前面已經說過了；其中還有些訓詁只是《爾雅》式的，如"露，敗也"，"別，治也"之類，並未說明屬於哪一個區域的方言，很可能就是所謂"絕代語"，即已經過了時的、死了的詞。

在詞義上，《方言》還作了一些比《爾雅》更為明確的解說。如《爾雅》只說"墳，大也"、"墳，大防"；而《方言》則進一步說明："墳，地大也。青幽之間，凡土而高且大者謂之墳。"（卷一）又如《爾雅》只說"廓，大也"；而《方言》則說"張物使大謂之廓（今作'擴'）"（卷一）。用字不多，而義界明白，並且表明了詞性。

此外，還注意辨析同義詞的細微差別，如："惟、慮、願、念，思也。……惟，凡思也；慮，謀思也；願，欲思也；念，常思也。"（卷一）又如："搜、略，求也。……就室曰搜，於道曰略。"（卷二）

三、有關《方言》的注疏

第一個爲《方言》作注的，是晉代的郭璞。郭氏《方言注·序》有"三五之篇著"之說，與揚雄稱十五篇之數正合。今稱十三卷，是併合而成，當在郭注之後。

郭璞精通音義訓詁，在《方言注》中，常常聯繫當時晉代方言和揚雄所記的漢代方言相比較。在意義上，或者證明古今語義相近，或者說明語同而義異和義同而語異；在地域上，或者指明某些古語依然在某地保存，或者指出某些古語不在當地保存，而轉在別處卻有這樣的說法；甚至指出哪些漢代方言到晉代已變成通語。就郭注的具體內容來看，涉及文字、音讀和詞義三個方面。例如（方括號內爲郭璞注）：

①假、佫〔古格字〕、懷、摧、詹、戾、艐〔古屆字〕，至也。（卷一）

②發、稅，舍車也〔舍，宜音寫〕。……宋趙陳魏之間謂之稅〔稅，猶脫也〕。（卷七）

③憮〔亡輔反〕、㤅〔音淹〕、憐、牟，愛也。（卷一）

④蘇，亦荏也。……周鄭之間謂之公蕡〔音翡翠。今江東人呼荏爲蒩，音魚〕。沅湘之南或謂之䔿〔音車轄〕。（卷三）

⑤皮傅、彈憸，強也〔謂強語也〕。（卷七）

⑥鞅、倖，強也〔謂強戾也〕。（卷十二）

⑦虜、鈔，強也〔皆強取也〕。（同上）

⑧眉、棃、壽、鮐，老也。東齊曰眉〔言秀眉也〕，燕代之北鄙曰棃〔言面色似凍棃〕。（卷一）

⑨聳、辟，聾也。……生而聾，陳楚江淮之間謂之聳〔言
無所聞，常聳耳也〕。(卷六)

　　前二例是辨字。《方言》的作者在記錄當時活的口語時，往
往借用古字或通假字，甚至還得造新字，因而郭注比較注意辨字。
例①是說明古今字，例②是說明通假字（寫、卸古通用）。中二
例是注音。例③先是用反切法，後是用直音法；例④是用組詞定
音法，如"蕡"音翡翠之翡，"菩"音車轄之轄。後五例是釋義。
例⑤至例⑦三條，揚雄皆以"強"釋之，比較籠統，郭注分別加
以明確，使讀者易於把握。例⑧例⑨兩條，郭注並未直接揭示詞
義，而是說明某詞所以這樣稱說的理由，也就是探求語源。此外，
郭注還有發明《方言》釋詞、行文的體例的。總之，《方言》和
郭《注》可謂相得益彰。《方言注》和《爾雅注》一樣，很受歷
代學者的重視。

　　清代學者相當重視《方言》，不斷為此書作校勘、疏證的工
作。如戴震有《方言疏證》，錢繹有《方言箋疏》，王念孫有
《方言疏證補》等。尤其是戴震的《方言疏證》，"廣搜群籍之
引用《方言》及注者，交互參訂，改正訛字281，補脫字27，刪衍
字17，逐條詳證之。"（《方言疏證序》）當代學者周祖謨先生
著有《方言校箋》，其自序中曾列舉郭璞注的五個條例，很值得
參考。

第三節　形訓為主的《說文解字》

一、《說文》的作者和體例

　　《說文解字》爲東漢許慎所撰，成書於公元一百二十一年。許慎，字叔重，當時被推崇爲"五經無雙許叔重"。其子許沖在《上說文解字書》裡說："慎博問通人，考之於（賈）逵，作《說文解字》。六藝群書之詁皆訓其意，而天地鬼神、山川草木、鳥獸蟲魚、雜物奇怪、王制禮儀、世間人事，莫不畢載。"爲了對詞義作出準確的解釋，《說文》中引六藝群書四十餘種，博問通人引諸家說解三十九種。因此，許慎成爲當時公認的古文派訓詁大師，把《說文解字》列入以形訓爲主的訓詁專書是有一定的道理的。

　　《說文》連同序目共十五篇，根據字形結構把文字分爲540部，收正篆9353個和古文籀文1163個，按照六書的法則說明每個字的字形，又用以形說義的方法來解釋字的本義，並用"讀若"和形聲聲旁來說明字音（除少數象形、指事、會意的字無音讀外）。

　　關於《說文》這部書的條例，清代段玉裁在他的《注》裡已有發明：

　　⑴分部立文的條例："凡部之先後，以形之相近爲次；凡每部中字之先後，以義之相引爲次。"（一部注）

　　⑵字體先後的條例："許以先篆後古籀爲經例，先古籀後篆爲變例。"（"凡"篆下注）

　　⑶行文屬辭之例："凡篆一字，先訓其義，……次釋其形，……次釋其音。……合三者以完一篆，故曰形書也。"（"元"

下注）

　　(4)說解之例："許書但言本義。""凡合二字成文，如瑾瑜，玫瑰之類，其義既舉於上字，則下字例不復舉"。"凡連綿字不可分釋"。

　　(5)訓詁之例：依字形為之說解；以同部迭韻為訓；以雙聲為訓；以本字解說本字；被訓字和訓字同一字，而以本字之義釋本字之形。

　　(6)用語條例：凡某之屬皆從某（一下注），從某某聲（元下注），省聲（齋下注），亦聲（吏下注），闕（旁下注），以為（子下注），讀若，讀與某同（弘下注、棗下注），一曰（裡下注），同意（工下注），從（豐下注）。

　　拿第一個條例來說，許慎對部首是採用"據形系聯"的原則，即把形體相似或意義相近的部首排在一起。如：走部，止部（蒙"走"從止而次之），址部（讀bo，蒙止屮二文而次之），步部（同上），此部（蒙止而次之），正部（同上），是部（蒙正而次之），辵部（讀chuò，蒙止而次之），彳部（讀chì，蒙辵從彳而次之），……疋部（讀shū，仍蒙止）。至於各部首所屬字的排列，則採用"據義系聯"的原則，把意義相近的字排在一起。如《玉部》"璊"以下為玉名，"瓚"以下為玉之等級、好惡等。

　　拿第四條"許書但言本義"來說，《說文》每字一般只說解一個意義，就是它的本義。偶然也載另一說，但是這只表示另一派學者對於這字的本義有不同的看法。因此，另一說仍然說的是字義和字形的關係。如"賕，以財物枉法相謝也。從貝，求聲。一曰載質也。""賕"就是賄賂。"載質"即載贄；載贄也是為了賄賂。

再拿第五條"依字形爲之說解"來看，有以下幾個公式：

瓜，蓏也。象形。

鳥，長尾禽總名也。象形。

牙，壯齒也。象上下相錯之形。

丄，高也。此古文上，指事也。

毌，穿物持之也。從一橫貫象寶貨之形。

信，誠也。從人，從言，會意。

吠，犬鳴。從口犬。

祭，祭祀也。從示，以手持肉。

想，冀思也。從心，相聲。

晚，莫也。從日，免聲。

家，居也。從宀，豭省聲。

老，考也。考，老也。

顛，頂也。頂，顛也。

五，陰陽在天地間交午也。

午，五月陰氣啎逆陽，冒地而出也。

來，周所受瑞麥來麰也。……天所來也，故爲行來之來。

韋，相背也。……故借以爲皮韋。

可見，若是象形字，則說明是"象形"，如果象形不很明顯，就說"象××之形"，如"牙"字；若是指事字，有時點明是"指事"，不過一般也用象形的方法來解釋，說成是"從×象×

×形"，如"毋"字（指事和象形之間的界限有時是不大清楚的）；若是會意字，雖然有時直接說明是"會意"，但一般公式則是"從某，從某"或者"從某某"（這表示兩個都是意符，它們合起來成為一個意義）；若是形聲字，其說解公式是"從某，某聲"，"從某"表示這是意符，"某聲"表示這是聲符（關於"省聲"的說法，多數學者持懷疑態度）；若是轉注字，一般採取音近互訓的方法，如"老"和"考"迭韻，"顛"和"頂"雙聲，"五"和"午"同音；若是假借字，先說明其本義，再用"為"或"以為"等來說明其假借為某義。段玉裁於"韋"字下注云："其始用為革縷束物之字，其後凡革皆稱'韋'。此與'西、朋、來、子、烏'五字下文法略同，皆言假借之旨也。"

二、《說文》在訓詁學上的主要貢獻

《說文解字》是我國對文字進行系統研究的第一部專著，毫無疑問，在我國文字學史上具有劃時代的意義。這裡，僅在訓詁學的範圍內，談談這部著作的主要貢獻。

第一，奠定了"六書"的基本理論，提出了以形索義的訓詁方法。"六書"的概念，遠在先秦就已經有了，但是，在《說文解字》問世以前，六書僅有名目而無內容。是許慎第一次對六書每一類的特點作了解說，並舉了例字。這種解說和例析奠定了漢字形體學的基本理論，這就是六書說。今天看來，六書說是有些不科學，後來出土的甲骨文、金文也修正了《說文解字》的誤解。然而，如果沒有《說文解字》所闡明的六書理論，沒有《說文解字》所總結的形訓方法，我們就很難接近甲骨文和金文，很難索求古代文獻中詞的古義。

第二，創造了文字學原則的部首。《說文》嚴格地按照六書的體系，把篆文的形體構造加以分析和歸類，從中概括出540個偏旁作爲部首。一般說來，部首就是意符。只有同一意符的字可以隸屬於同一部首。如"甥""舅"二字歸男部，"隨"字歸辵部，"所"字歸斤部，"發"字歸弓部。這是一個重大的創造，有助於字形結構的分析和對詞義的深入理解。明清以後的字典辭書通用的是檢字法原則的部首，它從檢字的方便出發，不少字的歸部與《說文》有差異，如《康熙字典》以"甥"入生部，"舅"入臼部，"隨"入阜部，《辭海》以"所"入戶部，"發"入癶部。從六書觀點看來，這當然是不合理的。

許愼在540個部首的次序安排上也是煞費苦心的，他把形體相似或意義相近的部首排在一起，這就等於把540個部首又分成若干大類。這種分部的次第和部中列字的次序，不僅能夠使人看出詞匯的分類和發展，而且能夠有效地幫助讀者認識意符的作用，從而更確切地了解字義。

第三、確立了分析字的本義的原則。清人江沅說過："許書之要，在明文字之本義而已。"（《說文解字注·後敍》）《說文》特別注重文字形體結構的分析，目的是爲了全力找出與字形結構相貼切的詞的本來意義。本義是一切引申義的出發點，本義和引申義之間猶如綱與目之關係，抓住了本義，紛繁的引申義便顯得有條不紊。這是從根本上解決訓詁的問題。《說文》全書緊緊抓住本義，這無異於向後人提示一種分析詞義並建立詞義系統的有效方法，這就是由本義推知引申義，順藤摸瓜，以簡馭繁的方法。

　　由於《說文》所說的本義總是代表比較原始的意義，因而與先秦古籍往往相合。如：

派，別水也。（別水，即水的支流，《文選·吳都賦》"百川派別"與此合。）

來，來麰也，二麥一夆，像其芒束之形。（"來"的本義是麥，《詩·周頌》"貽我來麥"與此合。）

字，乳也。從子在宀下。（段注："人生子曰乳。"王充《論衡·氣壽》"婦人疏字者子活"與此合。）

秉，禾束也。從又持禾。（"又"就是手，《詩·小雅·大田》"彼有遺秉"與此合。）

叔，拾也。從又，尗聲。（《詩·邠風·七月》"九月叔苴"與此合。）

綏，車中靶也。從系，妥聲。（段注："靶者，轡也。轡在車前，而綏則繫於車中，御者執以授登車者。"《論語·鄉黨》"升車必立正，執綏"與此合。）

這種例子書中隨處可見。因此，王力先生稱"《說文解字》是上古漢語詞彙的寶庫"。（《中國語言學史》第一章第四節）

　　當然，由於時代的局限，《說文解字》不可能沒有缺點，或對字形的分析有所誤解（如說"射"字"從矢從身"，說"穴"字"從宀八聲"等），或對字義的解釋有些牽強（如說"行"字是"人之步趨也"，說"奚"字是"大腹也"等）。這在前面形訓的局限一節裡已談到一些，下面"舊訓詁的流弊"一章裡還將涉及，這裡就從略了。

三、有關《說文》的研究

研究《說文》的風氣是從五代末興起的。南唐徐鍇根據許氏《說文》著有《說文解字繫傳》。到了北宋，徐鍇之兄徐鉉奉詔校訂許氏《說文》，並加以增補注釋。

徐鉉校訂《說文》，不僅糾正了當時某些臆說，恢復了許書原旨；而且還寫了《說文新附》，添上了許書"漏落"的，補充了經典已有而許書未收的，並附加上當時常用的字。我們今天能考知漢以後唐以前產生的新詞、新字，應該說這是大徐的功勞。

徐鍇《說文繫傳》多有創見。鈕樹玉說："二徐為許氏功臣，信矣。而小徐發明尤多，大徐往往因之散入許說，此其失也。"（《說文解字校錄·敘》）小徐的解說大多是有根據的。如：

> 央，中央也。從大在冂之內。大，人也。央旁同意。一曰久。臣鍇曰：凡大字皆像人之正立也。故央字從大，取其正中也。旁字像四出，故曰與旁同意。
>
> 閒，隙也。從門，從月。臣鍇曰：夫門當夜閉，而見月光，是有閒隙也。

顯然，小徐本能幫助讀者更好地了解《說文解字》這部書。這是大徐本所不及的。

研究《說文》的最盛時期是清代乾嘉時期。在這個時期中，全面研究《說文》並多所闡發的，有段玉裁、桂馥、王筠、朱駿聲四大家，其中以段、朱最為傑出。

段玉裁的《說文解字注》，曾受到當時學術界的極端推崇。段注對字的形音義三者進行綜合研究，不僅疏說了許書之意，而且在詞義語源上作了深入細緻的探討。從訓詁的角度來看，他對《說文》的闡發值得注意的有這樣幾點：(1)《說文》只講本義，而段氏兼講引申義和假借義，使多義詞的主要意義都有著落（如"道"字注，"昔"字注）；(2)對於同義詞的辨析非常精到（如"牙"注，"祥"注）；(3)注意到詞義的變遷，並重視後起的詞義（如"僅"注，"代"注）；(4)對許書的說解提出了中肯的批評（如"哭"注，"屨"注）。王力先生指出："段氏是寓'作'於'述'，他的成就已經遠遠超出注釋家的成就之上，對《說文》來說，段注可以說是青出於藍而勝於藍。"（《中國語言學史》第十一節）

桂馥篤信許慎，其所著《說文解字義證》只是為許氏所說的本義搜尋例證。為了"敷佐許說，發揮旁通"（張之洞語），他徵引群書，取材極廣，而且有選擇、有條理。王力先生說："這是一部非常有用的材料書，與段書相得益彰。"（同上）

王筠研究《說文》，著重在整理的工作。他的《說文釋例》是闡明許書體例的，但也有不少創見（如對"甘""維""底"等字的解釋）。王氏尤其注意文字學的普及工作，他按"執簡御繁之法"編寫的《文字蒙求》，就是一部很好的入門書。

朱駿聲著有《說文通訓定聲》，其內容包含三個部分：所謂"說文"，是以許書為基礎而加以補充並舉例，說明字形與字義、字音的關係，而以字形爲主；所謂"通訓"，是專講轉注和假借，即字的引申義和假借義；所謂"定聲"，是把文字按古韻分類，即以上古韻文的用韻來證明古音。從訓詁角度來看，朱書的最大貢獻在於突破了許氏專講本義的框子而全面地解釋了詞義，不僅搜羅了經史子集的故訓，而且加以系統化。

第四節　專用聲訓的《釋名》

一、《釋名》的作者和性質

《釋名》原題漢北海劉熙成國撰，成國是劉熙的字。《後漢書·文苑傳》說劉珍撰《釋名》，《三國志·韋曜傳》卻說見劉熙所作《釋名》。據畢沅考證，劉熙大約是漢末或魏時人，可能是劉珍先有《釋名》，而劉熙加以補充。

全書共八卷二十七篇，所釋名物典禮共1502件。其篇名如下：

釋天第一	釋長幼第十	釋書契第十九
釋地第二	釋親屬第十一	釋典藝第二十
釋山第三	釋言語第十二	釋器用第廿一
釋水第四	釋飲食第十三	釋樂器第廿二
釋丘第五	釋彩帛第十四	釋兵第廿三
釋道第六	釋首飾第十五	釋車第廿四
釋州國第七	釋衣服第十六	釋船第廿五
釋形體第八	釋宮室第十七	釋疾病第廿六
釋姿容第九	釋床帳第十八	釋喪制第廿七

與《爾雅》相比，《釋名》收詞範圍比較廣，分類比較細，也比較合理。

《釋名》是一部具有"語源學"性質的訓詁專書。其寫作意圖，劉熙在自序中已經說明："夫名之於實，各有義類。百姓日稱而不知其所以之意。故撰天地、陰陽、四時、邦國、都鄙、車服、喪紀，下及民庶應用之器，論敘指歸，謂之《釋名》，凡二十七篇。至於事類，未能究備。凡所不載，亦欲智者以類求之。"作者是要推求事物命名的由來，也就是探索語源，書中所錄名詞，除下簡明的定義之外，便用古已有之的聲訓法說出一個稱謂的道理來。

《釋名》聲訓的義例可歸爲兩類：

(1) **以同音字爲訓：**

雨，羽也，如鳥羽動則散也。（釋天）

土，吐也，吐生萬物也。已耕者曰田；田，塡也，五稼塡滿其中也。（釋地）

川，穿也，穿地而流也。（釋水）

楣，眉也，近前各兩，若面之有眉也。（釋宮室）

(2) **以近音字爲訓：**

A、以雙聲字爲訓，如：

大阜曰陵，陵，隆也，體隆高也。（釋山）

公，廣也，可廣施也。（釋言語）

含，合也，合口停之也；銜亦然也。（釋飲食）

契，刻也，刻識其處也。（釋典藝）

B 以迭韻字爲訓，如：

日，實也，光明盛實也。月，闕也，滿則闕也。（釋天）

山，產也，產生物也。（釋山）

領，頸也，以壅頸也；亦言總領衣體爲端首也。（釋衣服）

禮，體也，得其事體也。（釋典藝）

《爾雅》間或也有聲訓，如"甲，狎也"，"履，禮也"，"康，苛也"，"葵，揆也"。但是，《釋名》每條都用聲訓，與《爾雅》的性質是迥然不同的。

楊樹達撰《釋名新略例》一篇，指出："《釋名》音訓之大例有三：一曰同音，二曰雙聲，三曰迭韻。其凡則有九：一曰以本字爲訓，二曰以同音字爲訓，三曰以同音符之字爲訓，四曰以音符之字爲訓，五曰以本字所孳乳之字爲訓，此屬於同音者也。六曰以雙聲字爲訓，七曰以近紐雙聲字爲訓，八曰以旁紐雙聲字爲訓，此屬於雙聲者也。九曰以迭韻字爲訓，此屬於迭韻者也。"這些凡例細則，對閱讀《釋名》，了解其中的聲訓，是很有幫助的。正如楊氏於文末所說的，"雖古今音變，不可悉知，然大旨具是矣。"（《積微居小學金石論叢》卷五）

二、《釋名》的穿鑿和價值

馬克思說：“物的名稱，對於物的性質，完全是外在的。”
（《資本論》，人民出版社1953年版，89頁）而《釋名》的作者
單純採取聲訓的方法，幾乎隨心所欲地抓一個音同或音近的字來
解釋，因而必然流於穿鑿附會。下面是典型的例子：

> 天，豫、司、兗、冀以舌腹言之，天，顯也，在上高顯也；
> 青、徐以舌頭言之，天，坦也，坦然高而遠也。（釋天）
> 風，兗、豫、司、冀橫口合脣言之，風，氾也，其氣博氾
> 而動物也；青、徐言風，踧口開脣推氣言之，風，放也，
> 氣放散也。（釋天）
> 姊，積也，猶日始出積時多而明也。（釋親屬）
> 妹，昧也，猶日始入歷時少尚昧也。（釋親屬）
> 袖，由也，手所由出入也；亦言受也，以受手也。（釋衣服）
> 劍，檢也，所以防檢非常也；又斂也，以其在身拱時斂在
> 臂內也。（釋兵）
> 幅，所以自偪束；今謂之行縢，言以裹腳，可以跳騰輕便
> 也。（釋衣服）
> 痔，食也，蟲食之也。（釋疾病）

“天”“風”，由於方言讀音不同，聲訓也跟著改變；“袖”“
劍”，由於解釋不同，語源也隨之而異；“姊”“妹”，僅僅由
於讀音與“積”“昧”相同或相近，便胡亂加以聯繫。像這樣強
加比附，當然會得出“痔，食也”那樣的荒唐的結論。事物的名
稱和事物的性質本來沒有必然的聯繫，所以，凡企圖尋找名稱和

事物之間的關係的人，都不可避免地陷入了唯心主義的泥坑。探索語源，聲訓並不是唯一的方法，因爲語義的形成和演變，不僅和語音有關，還涉及社會的其他許多方面，諸如歷史、政治、經濟、文化、宗教，以及人們的風俗習慣等等。確認語詞的派生關係，必須緊密聯繫社會歷史的發展。就是說，根據社會生活和社會觀念的發展，確認語詞產生的前後，後者可由前者派生，前者可對後者進行音訓。從這一原則來看，上引“日，實也”、“月，闕也”以及“男，任也”、“女，如也”這四個音訓就很不可靠。日、月，是最常見的自然現象，是十分具體的事物，其存在和變化對人類的生活關係極大。我們可以斷定，指稱這些事物的語詞，應該是詞匯家族中最早的成員；而“實、闕”的概念比“日、月”要抽象得多，其產生也必然晚得多。如果這兩對詞在意義上的確有派生關係，因而可以音訓的話，那也應該是“實，日也”，“闕，月也”。這種由指稱事物而引申爲指稱該事物所具有的某種性質的派生方式，大致是可信的。認識和區別男、女，對協調與組織家庭生活及社會生活的重要性，是人所共知的，因而指稱這些對象的語詞，也應該是產生得很早的；而“任”（擔任，負責）“如”（隨從）這些概念的形成，顯然要晚得多。拿“如”來說吧，《釋名》云：“女，如也，婦人外成如人也。故‘三從’之義：少如父教，嫁如夫命，老如子言。”這就顯然把關係完全弄顛倒了，儒家觀念“三從”之“如”，怎麼竟成了在儒家之前不知多少年就有了的“女”這個詞的語源呢？

　　《釋名》雖然有穿鑿附會的嚴重缺點，但是在訓詁學上還是有它的參考價值的。

第一，反映並保存了許多語詞的古義。如"景"下注云"所照處有竟限"，可見"景"的本義是日光；"眼"下注云"童子限限而出"，可見"眼"的本義是眼珠（與"目"不同）；"鮑"下注云"埋藏淹使腐臭"，可見"鮑"的本義是腌魚；"幅"下注云"所以自偪束"，可見"幅"的本義是綁腿。其他如山頂曰冢，山旁曰陂，山脊曰岡，山小而高曰岑，廣平曰原，高平曰陸等，都可以和《爾雅》《說文解字》互相印證。

第二，提供了許多探求語源的線索。如：

> 父之弟曰仲父，仲，中也，位在中也；仲父之弟曰叔父，叔，少也。（釋親屬）
>
> 三十曰壯，言丁壯也。（釋長幼）
>
> 智，知也。勒，刻也。紀，記也。（釋言語）
>
> 異者（指災異），異於常也。（釋天）
>
> 觀（指台觀），觀也，於上觀望也。（釋宮室）
>
> 被，被也，所以被覆人也。（釋衣服）
>
> 日月虧曰食，稍稍侵虧如蟲食草木葉也。（釋天）
>
> 房，旁也，室之兩旁也。（釋宮室）

以上音訓，都是詞義引申造詞的結果，其音義結合的啓發性是十分明顯的。

王力先生指出："聲訓作爲一個學術體系，是必須批判的，因爲聲音和意義的自然聯繫是不存在的。……但是，聲訓的具體內容則不能完全加以否定。事物得名之始，固然是任意的；但到了一個詞演變爲幾個詞的時候，就不再是任意的，而是在語音上發生關係的了。"有些地方，"劉熙接觸到了唯物主義的語源學"。

第三，憑以印證經典傳注的解說。如《詩·大雅·抑》："相在爾室，尙不愧於屋漏。"毛傳："西北隅謂之屋漏。"西北隅何以謂之屋漏，仍不能明。《釋名·釋宮室》："西北隅曰屋漏。禮：每有親死者，輒徹屋之西北隅薪，以炊灶煮沐供諸喪用。時若値雨則漏，遂以名之也。"這就弄清了屋漏命名的原因了。又如《詩·衛風·氓》："漸車帷裳。"鄭箋："帷裳，童容也。"帷裳尙可意會，童容則不知何物。《釋名·釋床帳》："幢容：幢，童也，施之車蓋，童童然以隱蔽形容也。"這就明白童容爲何物了。

第四，敘述了不少有關名物制度的知識。如《釋典藝》："碑，被也。此本葬時所設也，施鹿盧以繩被其上，引以下棺也。臣子追述君父之功美以書其上，後人因焉，故建於道陌之頭，顯見之處，名其文即謂之碑也。"用以下棺，是古時之制；置於道陌之頭顯見之處者，是漢時之碑制。

此外，《釋名》釋義完全從聲訓出發，提供了東漢末年以前的語音資料，借此可以證明古音的系統。如以氾訓風，可見"風"字在上古收音於〔－m〕，在漢代方言裡還有餘跡；以徹訓達，可見"徹、達"古音同部；以腐訓鮑、以偪訓幅，可見古無輕唇音。又言"車，古者曰車聲如居，……今日車聲近舍"等等，這些都是很可寶貴的。《四庫全書總目提要》說："從音求義，多以同聲相諧，不免牽合，然可以推見古音；又去古未遠，所釋器物亦可以推見古制。"這個評價是恰如其分的。

三、《釋名》的疏校

後人爲《釋名》作注的書，有清代畢沅《釋名疏證》八卷，顧震福《釋名校補》，成蓉鏡《釋名補證》一卷；清末王先謙等取畢著，又參合顧校本、成補本等，成爲《釋名疏證補》。

殷孟倫先生在《訓詁學的回顧與前瞻》一文中說："《爾雅》以時間爲主，《方言》以地域爲宗，《說文》以形說義，《釋名》以音索義。時、地、形、音四者，爲研治漢語訓詁的辦法，已完全具備。"這段話道出了我們介紹這四種訓詁專書的理由，也是本章最好的概括。

第七章　隨文釋義的傳注

隨文釋義的傳注和通釋語義的專著有著明顯的區別：前者有具體的訓詁對象，即針對某一古籍進行系統的訓詁工作；而後者並無具體的訓詁對象，即訓詁工作不限於某一古籍。因此，我們另闢專章介紹兩漢唐宋時代幾部影響較大的文學古籍注釋書。

第一節　毛　亨《詩詁訓傳》

毛亨的《詩詁訓傳》簡稱為《毛詩》，其傳授說法不一。三國時陸璣《毛詩草木蟲魚鳥獸疏》敘述比較詳細："孔子刪詩，授卜商。商為之序，以授魯人曾申……荀卿授魯國毛亨，亨作訓詁傳，以授趙國毛萇。時人謂亨為大毛公，萇為小毛公。"據此，毛亨作《詩詁訓傳》，傳其學說的是河間獻王的博士毛萇。

《毛詩》注重名物訓詁，言而有據，有些解釋今天看來也很精當。在訓詁學史上，毛傳有重要的地位，這不僅因為它成書較早，保存了很多的故訓，還因為它比較全面地概括了訓詁的內容和方法。

毛傳包括五個部分：

首先是詩序。詩序有大序和小序。在第一篇《關雎》之前的是大序，每篇詩之前說明詩的大意的是小序。小序內雖不乏附會之說，但大體上還有參考價值。如《衛風·氓》的小序：

> 《氓》刺時也。宣公之時，禮義消亡，淫風大行，男女無
> 別，遂相奔誘；華落色衰，復相棄背，或乃困而自悔，喪
> 其妃偶。故序其事以風焉，美反正，刺淫佚也。

這對於理解《氓》這樣一篇棄婦詩很有幫助。又如《大雅·生民》
的小序：

> 《生民》，尊祖也，后稷生於姜嫄，文武之功起於后稷，
> 故推以配天焉。

這有助於說明它是周人關於他們祖先傳說的史詩。又如《衛風·
碩人》序：

> 《碩人》，閔莊姜也。莊公惑於嬖妾，使驕上僭。莊姜賢
> 而不答，終以無子，國人閔而憂之。

據《左傳·隱公三年》載：“衛莊公娶於齊東宮得臣之妹，曰莊
姜，美而無子，衛人所爲賦《碩人》也。”與此序可互相印證。
再如《邶風·式微》序：

> 《式微》，黎侯寓於衛，其臣勸以歸也。

此事已無可稽考，靠這段序保存下來。後世注釋的解題多受《毛
詩》小序的影響。

　　其次是釋詞。這是毛傳最主要的部分。毛傳共四千八百餘條，其中解釋詞義的三千九百餘條，佔總數百分之八十以上。這些解釋使前代訓詁的用語和格式更加定型。如：

　　　《周南·關雎》："關關雎鳩，在河之州。"毛傳：關關，和聲也。雎鳩，王雎也。鳥摯而有別。水中可居者曰州。

　　　《周南·樛木》："南有樛木，葛藟荒之。樂只君子，福履將之。"毛傳：荒，奄。將，大。

　　　《小雅·巧言》："彼何人斯，居河之麋。"毛傳：水草交謂之麋。

　　　《邶風·柏舟》："我心匪鑒，不可以茹。"毛傳：鑒，所以察形也。

　　例一共三個解釋：前兩個是被釋詞在前，釋詞後用"也"字；後一個是被釋詞在後，其前用"曰"字。例二共兩個解釋，釋詞之後均不用"也"字。例三也是被釋詞在後，其前用"謂之"。末例用"所以"，所釋是事物的名稱。

　　毛傳釋詞，還多用"猶"字，以表示意義的相近、引申和文字的假借。這是辭書釋義所罕見的。

　　第三是詮句。毛傳還注意解釋整句，串講文義。例如：

　　　《邶風·雄雉》："雄雉于飛，泄泄其羽。"毛傳：雄雉見雌雉飛而鼓其翼泄泄然。

　　　《大雅·常武》："王命卿士，南仲大祖。"毛傳：王命南仲於大祖。

《小雅·十月之交》："高岸爲谷，深谷爲陵。"毛傳：
言易位也。

例二，毛傳串講時增加一介詞"於"字，表明八個字是一句話，
意思更加顯豁，即王在太祖之廟命卿士南仲。例三，用"言"字
申說句意。據小序，《十月之交》是刺周幽王之詩，所謂易位，
指幽王無道，是非倒置，使應居上位的處下位，而處下位的反居
上位，有如陵谷之變遷。

第四是標出興體。毛傳將詩的表現手法分爲賦、比、興三類。
對於興體，在有關篇末特別表示出來。這是因爲興這一體裁的用
法最多，也難以掌握的緣故。

最後是離經析句。毛傳在每篇詩的後面都有說明這篇分幾章，
各章有幾句。如"關雎三章。一章四句，二章八句。""卷耳四
章六句"等等。

在訓詁方式上，毛傳大多隨文釋義，並採用詞義對比、指明
假借義（不是指出本字）、交代典章制度、引用歷史事實等方法。
這裡就不再重複了。

第二節　王　逸《楚辭章句》

王逸，字叔師，南郡宜城（今湖北宜城）人。其生平見《後
漢書·文苑傳》。他根據劉向編輯的《楚辭》十六篇，再加上自
己作的《九思》，逐篇訓釋而成爲《楚辭章句》。每篇之前都有

敘文，說明作者和寫作旨趣。例如：

> 《九歌》者，屈原之所作也。昔楚國南郢之邑，沅、湘之
> 間，其俗信鬼而好祠。其祠必作歌樂鼓舞以樂諸神。屈原
> 放逐，竄伏其域，懷憂苦毒，愁思沸鬱。出見俗人祭祀之
> 禮，歌舞之樂，其詞鄙陋。因作《九歌》之曲，上陳事神
> 之敬，下見己之冤結，托之以風諫。故其文意不同，章句
> 雜錯，而廣異義焉。
>
> 《天問》者，屈原之所作也。何不言問天？天尊不可問，
> 故曰天問也。屈原放逐，憂心愁悴，彷徨山澤，經歷陵陸。
> 嗟號昊旻，仰天嘆息。見楚有先王之廟及公卿祠堂，……
> 仰見圖畫，因書其壁，何而問之，以泄憤懣，舒瀉愁思。
> ……

顯然，這些敘文對於理解原作非常重要。對於其中某些篇的作者，可能有爭議。對於各篇的旨趣，後人也有不同的認識。但是這是現存最古的《楚辭》注本，它反映了漢代人對這些作品的理解。

　　王逸作章句的辦法，是在詞義解釋之後，再串講一次文句大意。例如《九歌·國殤》：

> 操吳戈兮被犀甲，（戈，戟也。甲，鎧也。言國殤始從軍之時，手持吳戟，
> 身投犀鎧而行也。或曰：操吾科，吾科，盾之名也。）車錯轂兮短兵接。
> （錯，交也。短兵，刀劍也。言戎車相迫，輪轂交錯，長兵不施，故用刀劍以
> 相接擊也。）旗蔽日兮敵若雲，（言兵士竟路趣敵，旌旗蔽天，敵多人

衆，來若雲也。）**矢交墜兮士爭先。**（墜，墮也。言兩軍相射，流矢交墮，壯夫奮怒，爭先在前也。）………**誠既勇兮又以武，終剛強兮不可凌。**（言國殤之性誠以勇猛，剛強之氣不可凌犯也。）**身既死兮神以靈，子魂魄兮爲鬼雄。**（言國殤既死之後，精神強壯，魂魄武毅，長爲百鬼之雄傑也。）**國殤**（謂死於國事者。《小爾雅》曰：無主之鬼謂之殤。）

括號內的字是章句，它沒有西漢章句學家那種繁文浮辭，而是行文簡潔明晰，條理分明，論述清楚。

王逸的家鄉正是楚地，加之去古未遠，所以他對作品裡使用楚方言常有解釋。如《離騷》章句的幾個例子：

扈江離與辟芷兮，紉秋蘭以爲佩。（扈，被也。楚人名被爲扈。）
衆皆競進以貪婪兮，憑不厭乎求索。（憑，滿也。楚人名滿曰憑。）
索藑茅以筳篿兮，命靈氛爲余占之。（楚人名結草折竹以卜曰篿。）

當然，王逸揭示的僅是《楚辭》裡楚方言的一部分，還有一些沒有指明。但是，他首次提出這個問題，還是可貴的。

《遠遊》《卜居》《漁父》等篇在注釋風格上又有所不同，釋文簡短，句子整齊，而且有韻。如《漁父》：

屈原既放，（身斥逐也。）**遊於江潭，**（戲水側也。）
行吟澤畔，（履荊棘也。）**顏色憔悴，**（飢黴黑也。）**形容枯槁。**
（癯瘦瘠也。）**漁父見而問之：**（怪屈原也。）……**漁父莞爾而笑，**（笑
離齗也。）**鼓枻而去，**（叩船舷也。）**歌曰："滄浪之水清兮，**

（喻世昭明）**可以濯吾纓，**（沐浴升朝廷也。）**滄浪之水濁兮，**（喻世昏暗）**可以濯吾足。"**（宜隱遁也。）**遂去，不復與言。**（合道眞也。）

"逐側棘黑"爲職沃合韻，"斷舷"爲眞文合韻，"明廷"爲耕陽合韻，"遁眞"亦眞文合韻。這是章句體的一種特殊形式，讀來意味無窮。

第三節 李 善《文選注》

梁昭明太子蕭統的《文選》，是最有影響的文學總集。李善，揚州江都（今江蘇揚州）人，《舊唐書》有傳。《文選注》分六十卷，不論解題還是釋義，文字簡明而優美。對於舊注，他有自己的原則。在張衡《西京賦》的薛綜注下說："舊注是者，因而留之，並於篇首題其姓名，其有乖謬者。臣乃具釋，並稱'臣善'以別之。他皆類此。"在潘岳《藉田賦》下又說："《藉田》《兩征》咸有舊注，以其釋文膚淺，引證疏略，故並不取焉。"從這個意義上講，李善《文選注》是當時集大成的著作。

李善注《文選》，有明確的凡例散見於書中。如在班固《兩都賦序》注下說："諸引文證，皆舉先以明後，以示作者必有所祖述也。它皆類此。"這種引證典籍以證成詞義，是《文選注》的最大特點。據統計，全書引用書籍1689種。

又如嵇康《幽憤詩》："實恥訟冤，時不我與。"李善注："《論語》曰：陽貨曰，'日月逝矣，歲不我與。'文雖出此，而意微殊，亦不以文害意也。"引證古籍，留心作家用詞的特點，注意不以文害意，這是李善作注引用古籍的一條重要原則。

在張衡《思玄賦》下引用舊注 "豐隆，雷公也" 之後注云："諸家之說豐隆，皆曰云師。此賦別言雲師，明豐隆爲雷也。故留舊說，以廣異聞。" 這說明李善作注，很注意引用不同的說法。

在李善注中，或曰 "音義通"，或稱 "古字通"，或說 "音義同"，有的是古今字，有的是通假字，李善並未嚴格加以區別。

作家選詞造句，具有較大的創造性。李善作注，能夠體會其用心。在這方面有很多精采的解說。例如：

> 潘岳《西征賦》： "或被髮左袵，奮迅泥滓。" 李注：凡人沈於卑賤，故曰泥滓。
>
> 左思《招隱》： "秋菊兼粮糧，幽蘭間重襟。" 李注：《楚辭》曰，紉秋蘭以爲佩。然蘭可爲佩，故以間襟也。"
>
> 陸機《答賈長淵》： "及子栖遲，同林異條。" 李注：俱在東宮，故曰同林。而貴賤殊隔，故曰異條。
>
> 顏延之《直東宮答鄭尚書》： "兩闈阻通軌，對禁限清風。" 李注：兩闈，謂東宮及中台也。《方言》曰，軌，道也。各有禁守，謂禁中也。故曰對也。
>
> 陸機《演連珠》： "是以三晉之強，屈於齊堂之俎……" 李注：《晏子春秋》曰……。《史記》曰：韓哀侯、魏武侯、趙敬侯共滅晉，參分其地，故曰三晉。陸氏從後通言爾，非謂平公之日已有三晉之名也。

注釋文藝作品，對於作家用詞造句的特點應該進行深入的探討和研究，李善在這方面是做得很成功的。他常常提及一些作家用詞與全民語言傳統習慣不一致的地方，如上引最後一例，在引用《晏子春秋》來說明"屈於齊堂之俎"以後，還特別注明陸機"三晉"一詞的特別用法。分析李善注，對於整理文學古籍、從事古代文學研究具有重要的意義。

對於一些不見於辭書的詞和意義，李善比較注意進行分析。例如：

> 謝靈運《永初三年七月十六日之郡初發都》："述職期闌署，理棹變金素。"李注：金素，秋也。秋爲金而色白，故曰金素也。
> 鮑照《蕪城賦》："孤蓬自振，驚沙坐飛。"李注：無故而飛曰坐飛。
> 謝朓《敬亭山》："要欲追奇趣，即此陵丹梯。"李注：丹梯，謂山也。……謝靈運《登石門最高頂詩》曰"共登青雲梯"。

通過李善的注釋可以明白："金"於四時與秋相配，故作秋的代稱；"坐"本義是指古人雙膝跪地，後來把無故而出現某種行爲稱爲"坐"，如"坐自捐""坐自吟"等；"梯"本是登高工具，六朝時用以表示山徑。

李善作注，對於古書辭例多有分析，這是秦漢時期訓詁著述所未見的。例如：

江淹《恨賦》："或有孤臣危涕，孽子墜心。"李注：《孟子》曰："孤臣孽子，其操心也危……"《登樓賦》："涕横墜而弗禁。"然心當云危，涕當云墜，江氏愛奇，故互文以見義。

司馬相如《子虛賦》："楚蛩蛩，轔距虛。軼野馬，轊陶駼。"李注：張揖曰，"軼，過也。"郭璞曰："轊，車軸頭也。"善曰，軼轊言車之疾，能過野馬及陶駼，軼不言車，轊不言過，互文也。

王延壽《魯靈光殿賦》："西廂踧躇以閑宴，東序重深而奧秘。"李注：東序，東廂也。互言之，文相避耳。

任昉《爲范始興作求立太宰碑表》："尊主之情，致之於堯禹。"李注：尊主謂伊尹也，恥其君不如堯舜。……禹亦聖帝，故連言之。

司馬相如《上林賦》："前皮軒，後道遊。"李注：文穎曰，"皮軒，以虎皮飾車。天子出，道車五乘，遊車九乘，在乘輿車前。賦頌爲偶辭耳。"善曰：言皮軒最居前，而道遊次皮軒之後。此爲前後相對爲偶辭耳，非謂道遊在乘輿之後。

例二以下，李善在注中分別指明是"互文"、"避復"（後人亦稱"互文"）、"連言"（即"連類而及"）、"偶辭"（即"對偶句式"）等行文特點。不過，李善在分析古書辭例時，有自己的一套用語，有些和後世的用語不盡一致。如例一，李善亦說是"互文"，其內涵即與後世不同，是指作者爲了獵奇，把句子結構變換了一下，也就是今天所說的"移位"或"倒置"。這是不能不注意的。至於用"大言之"或"甚言之"來點明誇張手法，更是隨處可見。

第四節　朱熹及宋人的集部書注釋

朱熹(1130-1200)，字元晦，一字仲晦，號晦庵，晚年主持紫陽書院。《宋史》有傳，其著作有《四書章句集注》《詩集傳》和《楚辭集注》等。他尊重漢唐舊注，同時又重視近人見解，在當時是比較開明的。這裡以《詩集傳》和《楚辭集注》為例，說明其訓詁方面的特點。

㈠　行文簡明扼要，通俗易懂。

> 《詩·關睢》："參差荇菜，左右流之。"毛傳："流，求也。"朱云：順水流而取之。
> 又："參差荇菜，左右采之。"朱云：采，取而擇之也。
> 《詩·芣苢》："采采芣苢，薄言采之·采采芣苢，薄言有之。"毛傳："采，取也。有，藏之也。"朱云：采，始求之也。有，既得之也。

這些解釋，有的比舊注明確，有的比舊注進了一層。像這種行文簡潔的注文，在朱熹的古籍訓詁中是很多的。

㈡　引用辭書或前代文獻，信而有據。

《楚辭·惜誦》："所非忠而言之兮，指蒼天以爲正。"
朱云：所者，誓詞，猶所謂"所不與舅氏同心"、"所不
與崔慶者"之類也。誓言所我之言，有非出於中心而敢言
之於口，則蒼天平己之罪而降之罰也。

這是用《左僖廿四年》和《左襄廿五年》的文句來證明"所"
的意義說明這是屈原矢天自誓之辭。

㈢　從作品語言出發，反覆體會文意，然後作出解釋。

《詩·東山》："町畽鹿場，熠燿宵行。"毛傳："熠燿，
燐也；燐，螢火也。"朱云：熠燿，明不定貌。宵行，蟲
名，如蠶，夜行，喉下有光如螢也。

毛傳用的是遞訓的辦法，朱氏不取。下章云："倉庚於飛，熠燿
其羽"。毛傳云："熠燿其羽，羽鮮明也。"上下兩句結構一樣，
可見朱注比毛傳妥當。

《詩·魚麗》："魚麗於罶，鱨鯊，君子有酒，旨且多。"
鄭箋："酒美而此魚又多也。"朱云：旨而又多也。
又："魚麗於罶……君子有酒，旨且有。"鄭箋："酒美
而此魚又有。"朱云：有猶多也。

鄭玄把"旨且多""旨且有"都分隸於魚和酒。細分析此句文意，

皆承"君子有酒"而言，不應兼及魚。朱注比較符合詩的原意。

> 《楚辭·東皇太一》："浴蘭湯兮沐芳，華采依兮若英。"
> 王逸注："若，杜若也。"朱云：若，即如此，猶詩言美
> 如英耳。注以若爲杜若，則不成文理矣。"

朱氏在《楚辭辨正》裡對"若"的解釋，爲後來講《楚辭》的人
所接受。他從詩本身文句出發來解釋，顯得比較可信。

（四）　利用金石學成果，用彝器銘文材料來印證古籍。

> 《詩·大雅·行葦》："酌以大斗，以祈黃耇。"集傳：
> 以祈黃耇，猶曰以介眉壽云耳。古器物款識云"用蘄萬壽"
> "用蘄眉壽，永命多福""用蘄眉壽，萬年無疆"，皆此
> 類也。
> 又《既醉》："令終有俶，公尸嘉告。"集傳：令終，善
> 終也。《洪範》所謂"考終命"，古器物銘所謂"令終"
> "令命"是也。
> 又《江漢》："虎拜稽首，對揚王休。"集傳：言穆公既
> 受賜，遂答稱天子之美命，作康公之廟器，而勒王策命之
> 詞，以考其成，且祝天子以萬壽也。古器物銘云："邿拜
> 稽首，敢對揚天子休命"，"邿用聯皇考龏伯尊敦"，
> "邿其眉壽，萬年無疆"。語正相類。但彼自祝其壽，而
> 此祝君壽耳。（邿，薛云周大夫。）

用銘文解說《詩經》成語，材料雖然不多，但作爲一種新的訓詁方法，朱氏的開創之功不可磨滅。

此外，宋代學者對文集注釋頗爲著力。

韓愈的文集，有方崧卿的《韓集舉正》，此本雖博采眾本，但實際上以館閣本爲主。朱熹曾在此基礎上寫成《韓文考異》十卷，凡方本可信的均一一採用，方本不合的則加以辨證。後來王伯大在此基礎上又編成《韓文考異》四十卷，外集十卷，遺文一卷。此本偏重校勘。還有魏仲舉編《五百家注音辨韓昌黎先生文集》，共四十卷。據書前所列評論訓詁音釋諸儒名氏，僅368家，其中眞正有考證音訓的不過幾十家。此本以注釋爲主。

柳宗元的文集，韓醇有《訓詁柳先生文集》四十五卷，外集二卷，新編外集一卷。又有《增廣注釋音辨柳宗元集》四十三卷，舊本題童宗說注釋，張敦頤音辨，潘休音義。書中用“童云”“張云”“潘云”以示分別。《四庫全書總目》稱：“其音釋雖隨文詮解，無大考證，而於僻音難字一一疏通。……以云簡明易曉……則於讀柳文者亦不爲無益矣。”另有魏仲舉編《五百家注音辨柳先生文集》，所徵引的只有集注、補注、音釋、解義、孫汝聽，童宗說、張敦頤、韓醇各家。

北宋以來爲杜詩作注的很多。郭知達編有《九家集注杜詩》三十六卷。所謂九家指王洙、宋祁、王安石、黃庭堅、薛夢符、杜田、鮑彪、師尹、趙彥材等。一般認爲此本“頗爲簡要”（四庫全書總目）、另有蔡夢弼的《杜工部草堂詩箋》四十一卷。還有一部《集千家注杜詩》二十卷，實際不到百家。《總目》稱此書：“至編中所集諸家之注，眞贗錯雜，亦多爲後來所評彈。然宋以來注杜諸家鮮有專本傳世，遺文緒論頗賴此書以存。"黃鶴有《黃氏集千家注杜工部詩史補逸》，對詩的編年和考訂史實下過功夫，後來注杜詩者多有引用。

李白集宋人作注的僅楊齊賢的集注，名《分類補注李太白集》，共三十卷。

此外，李壁有《王荊公詩注》五十卷，摘撮搜采，頗具功力·王十朋有《東坡詩集注》三十二卷，施元之《施注蘇詩》四十二卷。

第八章　訓詁的運用

第一節　指導古書閱讀

　　閱讀古書，最大的難點在於詞匯。訓詁學的研究對象是古代的字義和詞義，訓詁可用來指導古書閱讀則可想而知了。

一、準確地理解詞義

　　①大小之獄，雖不能察，必以情。（左傳·莊公十年）

初中語文注："情，實情。"《閱讀與欣賞》云："……雖然不能都了解得很仔細，但是一定要根據實際情況，盡量評判得公正合理。"按：對案情不能明察，又如何"根據實際情況"處理呢？其實"情"通"誠"，義為至誠、誠心誠意，即不徇私情，這與下文"忠之屬也"才相照應。

　　②老臣今者殊不欲食，乃自強步，日三四里。少益者食，

　　　和於身也。（戰國策，觸龍說趙太后）

《中國歷代文選》上冊注："少，同稍。益，增加。"王力《古代漢語》修訂本第一冊注："少，副詞，稍稍。益，副詞，更

加。”按：“少益嗜食”一句，無論解釋爲“稍微增加”還是“稍稍更加”（古代散文選，上冊），都嫌別扭迂曲。其實此處的“益”是稍的意思。楊樹達《詞詮》卷七即釋“益”爲“稍也，漸也”。如《史記·李廣傳》：“漢矢且盡，廣乃令持滿毋發，而廣身自以大黃射其裨將，殺數人，胡虜益解。”《漢書·蘇武傳》：“武益愈，單于使使曉武”。“少益”是同義虛詞連用，都表示“稍稍”和“漸漸”的意思。

③苛政猛於虎也。（柳宗元：捕蛇者說）

中學語文注：“苛酷的統治比老虎還要凶啊！”《文言散文的普通話翻譯》亦譯作“殘酷的統治”。按：“政”是“征”的通假字，指賦稅。王引之《經義述聞》：“政讀曰征，謂賦稅及繇役也。誅求無已則曰苛政。”楊倞《荀子·富國》注：“苛，暴也。征亦稅也。”可見“苛政”指“煩重的賦稅和繇役”。

④弦弦掩抑聲聲思，似訴平生不得意。（白居易：琵琶行）

《中國古代文學作品選》上冊注：“聲聲思，一聲聲都含有哀怨的情思。”按思字古有悲哀、憂愁之義，聲聲思即聲聲悲、聲聲哀。《文選》張華《勵志》詩“吉士思秋”，李善注：“思，悲也。”張說《南中別陳七李十》：“畫鷁愁南海，離駒思北風。”（全唐詩，二冊）愁、思對文，思有愁義。《洛陽伽藍記》卷一引北魏莊帝詩：“思鳥吟青松，哀風吹白楊。”思、哀對文，思即哀。

⑤保厥美以驕傲兮。（屈原：離騷）

王逸《楚辭章句》訓 "保" 爲 "保守"。清人林仲懿《離騷中正》、近人衛瑜章《離騷集釋》皆訓爲 "恃"。按：訓 "保" 爲 "保守" 是常義，未當；訓爲 "恃"，似非習聞慣見，卻於古有徵。《左傳·僖公二年》 "保於逆旅"，《僖公二三年》 "保君父之命"，杜預並訓爲恃。《漢書·武五子傳》 "楊州保疆"，李奇曰："保，恃也。"

⑥秦吏卒多竊言曰："章將軍等詐吾屬降諸侯，今能入關破秦，大善；即不能，諸侯虜吾屬而東，秦必盡誅吾父母妻子。"諸侯微聞其計，以告項羽。（史記·項羽本紀）

微聞，王利器等《史記選注》注："略略聽到"，北大《兩漢文學史參考資料》注："暗中聽到"。孰是孰非？從文章本身看，前有 "竊言"，後云 "微聞"，前後呼應，可斷定北大所注爲是。其次，訓微爲暗中，有訓詁根據。《爾雅·釋詁》："隱、匿，微也。"微有隱匿義，而隱匿與暗中義通。《說文》："䚾，司也。"司即伺探、伺察之伺的本字。《玉篇》："䚾，伺也。"

二、正確地分析章句

　　釋詞離不開章句的分析。章句結構不清，詞義和句意就很難有正確的理解。

　　《文選·繁欽與魏文帝牋》："詠北狄之遐征，奏胡馬之長思。悽入肝脾，哀感頑艷。"或云："哀感頑艷四字兼而有之。"這是把四詞看作並列結構·黃侃《文選評點》云："'哀感頑艷'與上儷句，言頑者艷者皆爲其哀音所感耳。"黃侃從章句分析入手，認識到上下兩句爲對偶，句法相同，皆主動賓結構。結構分析正確，詞義、句意才有正確的理解。

　　又杜甫《秋興》第八首之"香稻啄余鸚鵡粒，碧梧棲老鳳凰枝"二句，就有兩種章句分析。大多以爲是倒裝，即"鸚鵡啄余香稻粒，鳳凰棲老碧梧枝"。這給人以日暮途窮、淒涼衰頹的形象。另一解以爲二句是判斷句，即：香稻啄余，仍爲鸚鵡之粒；碧梧棲老，猶是鳳凰之枝。這是表現鸚鵡、鳳凰品質高尚、不同凡鳥的精神。

　　《水經注·三峽》："春冬之時，則素湍綠潭，迴清倒影。絕巘多生怪柏，懸泉瀑布，飛漱其間，清榮峻茂，良多趣味。每至晴初霜旦，林寒澗肅，常有高猿長嘯，屬引淒異，空谷傳響，哀轉久絕。"

　　此段文句大多四字一逗，而其中結構，卻是錯綜變化，讀時需細加斟酌，方能玩味。如"懸泉瀑布，飛漱其間"是完整的一句，前四字是主語，後四字是謂語。而"素湍綠潭，迴清倒影"卻不可這樣簡單地理解。"素湍"即"雪白的激流"，"倒影"即"倒映著各種景物的影子"；既是"激流"，又如何能"倒映出景物的影子"來？這是古文中的一種"並提"的修辭方法。如果將此兩句交錯理解，即"素湍迴清，綠潭倒影"，豈不自然而順理得多？下文"林寒澗肅"一句，若是粗糙過，似乎是說"樹林清寒，山澗靜寂"，"寒""肅"兩個形容詞是分別描寫"林"和"澗"的。但轉而一想，前面明明說是"春冬之時"，又指出"每至晴初霜旦"，在那樣的季節裡，怎麼會只有"林"寒而"澗"不寒的？原來，"林寒澗肅"即"林澗寒肅"，"寒""肅"都是用來說明"林""澗"的情態的。作者在文中把它分開來寫，目的在於使語句對稱，音調和諧（"林""寒"皆平聲字。"澗""肅"皆仄聲字）。

至於"清榮峻茂"，一連並用四個形容詞是不多見的。在這兒，作者利用我們漢字形聲結構的特點，借其偏旁暗暗點出是"水清，木榮，山峻，草茂"。顯然，作者是有意壓縮成四字一逗，連同"良多趣味"合成兩逗一句，以便和前後句式協調一致。

以上分析說明，只有運用訓詁知識，吸取傳統的"章句"之學的長處，把釋詞和析句有機地結合起來，並闡明古人的某些特殊的表達方法和行文的體例，才能避免某些鑒賞文章中所常有的模糊架空的分析，才能作出正確的判斷，而不致忽略古人的苦心孤詣。

第二節　指導古籍整理

一、訓詁與校勘

唐以前，古書全靠手抄行世。手抄本常有文字訛誤、衍脫，

加以抄寫人水平不一，所據本也時有差異，這就需要校定。晚唐
以後，發明雕板印刷，於是產生版本問題。加上古代學術各有師
承，雖同說一經，文字亦有異同。東漢以後，以注附經，又出現
經注混淆現象，這也需要校勘，才便於後學閱讀。

校勘之學，由來已久。漢人傳注常包含校勘，鄭玄注箋尤其
如此。唐人陸德明的《經典釋文》，於注音釋義外，注意做好校
勘工作，把三者密切結合起來。這說明校勘與訓詁不能分離。段
玉裁《經韻樓集·與同志論校書之難》：“校書之難，非照本改
字不訛不漏之難，定其是非之難。”蔣禮鴻《誤校七例》：“校
書要通訓詁，從文字的本義、引申、假借到各個時代的通俗常言
的意義都需要有所了解，一經忽略，就難免致誤。”如《韓非子
·外儲說左下》引管仲語云：“墾草仞邑，闢地生粟，臣不如寧
武，請以為大田”。俞樾《諸子平議》卷廿一云：“仞當作牣，
謂牣造其邑也。作仞者，字之誤。舊注曰：‘仞，入也，所食之
邑能入其租稅也。’訓仞為入，未得其義。《新序》載此事，正
作牣邑，當據以訂正。”此後，陳奇猷《韓非子集釋》採俞說，
並曰：“……太田方曰‘仞，牣也，滿也’。《國策》蔡澤見逐
章：‘墾草牣邑’注：‘牣，造也。義亦通。’奇猷案：……太
田方訓為滿，滿邑殊嫌強解。此當從《新序》作牣。《秦策》：
‘大夫種為越王墾草牣邑，闢地殖穀’，與此文同義可證。……”

其實，俞樾之校改誤，陳氏引俞說亦非。蔣禮鴻《誤校七
例》：“牣就是創造的創的本字。俞氏認為仞是長度單位，又碰
著《新序》這一異文就改了字。其實，《新序》與《韓非子》不
同是傳本之異。仞字並非誤字，而是充牣的‘牣’字之借，‘仞

邑’就是使都邑充實，民物殷富。《史記·殷本紀》：‘益收狗馬奇物充仞宮室。’《漢書·司馬相如傳》載《子都賦》：‘若迺俶儻瑰瑋，異方殊類，珍怪鳥獸，萬端鱗崒，充牣其中者，不可勝數。’……又賈誼《新書·君道》引《詩·大雅·靈臺》的‘於牣魚躍’，也作‘仞’，證據不可謂不明確，而俞氏忘卻通借之例，就改錯了。”俞氏是訓詁大家，但其校讀古書，亦難免有失誤，可見要做好校勘工作，沒有訓詁根底是不可能的。

二、訓詁與標點

《禮記·學記》：“一年視離經辨志。”離經即斷句，辨志即辨明段意。

近人呂思勉《章句論》云：“章句之朔，則今符號之類耳。案《說文》，“章”之義爲“樂竟”……引而申之，則凡陳義已終，說事已具者，皆得謂之爲章。”又云：“《說文》‘句’下云：‘曲也’。‘鉤’下云：‘曲鉤也’╯下云：‘鉤，逆者謂之╯’。乚下云：‘鉤，識也’。四字音近義通，後雖殊文，始實一語，鉤識之╯，即章句之句。”最後還說：“知古所謂章句者，實後世畫段點句之類。故《論衡》謂‘文字有意以立句，句有數以連章，章有體以成篇也。’（正說篇）”

不精通訓詁，則不能保證句讀無誤。如《左傳·成公二年》：“先王疆理天下物土之宜，而布其利。”這是上海人民出版社1977年版《春秋經傳集解》的標點。疆理，猶經界、界劃。物，猶相也，如今謂“物色”。上引標點之誤即由於不明“物”字之義。應改成："先王疆理天下，物土之宜而布其利。"

三、訓詁與注釋

古書注解失誤較多，仍在古事不明、古語不通之故。注釋需訓詁知識，其理至明。

①男兒欲作健，結伴不須多。（樂府詩·企喻歌）

余冠英《樂府詩選》注："作健，作健兒也。"按：此注為望文生義。作，興起；健，剛健。作健，振作奮發，有稱雄之意。

②邱嫂拔秧哥去耕。（邵定翁：插田）

《宋詩一百首》注："邱嫂，阿三的嫂子，姓邱。"（上海出版社）

按：《漢書·楚元王傳》："高祖微時，嘗與賓客過其丘嫂食。"顏師古注引張晏云："丘，大也，長嫂稱也。"丘、邱古字通。邵詩即用此典故。

③古人有云：百足之蟲，死而不僵。如今雖說不及先年那樣興盛，較之平常仕宦之家，到底氣象不同。（紅樓夢·第二回）

文化部《紅樓夢》校訂出版小組注："百足之蟲，指馬陸、蜈蚣一類節肢動物。這類動物被截成幾段後仍會活動，故稱死而不僵。"按：此訓僵爲僵死、僵硬，亦望文生訓。《說文》："僵，偾也。"又"踣，僵也。"僵爲倒仆義。《搜神記》卷六："哀帝建平三年，零陵有樹僵地，圍一丈六尺，長十丈七尺。……三月，樹卒自立故處。"前云僵，後云立，足證僵即倒也。《文選》卷52《六代論》："百足之蟲，至死不僵，以扶之者衆也。"李善注引《魯連子》："百足之蟲，斷而不蹶，持之者衆也。"僵、蹶異字同義。

四、訓詁與翻譯

西漢時，司馬遷撰《史記》，就運用了翻譯的辦法。他採用很多古代流傳下來的史料，如《尚書》《左傳》《國語》《國策》等，他運用"以訓詁代經文"的原則來改寫，即今之所謂古語今譯。具體說有以下四種：

(1)取同義字代替。如《尚書·堯典》："欽若昊天。"《史記·五帝本紀》作"敬順昊天。"又《堯典》"庶績咸熙。"《五帝本紀》作"衆功皆興"。

(2)取音同、音近、音轉之字代替。如《堯典》"協和萬邦"，《王帝本紀》作"合和萬邦"。合、協音近義通。又《堯典》"平章百姓"，《五帝本紀》作"便章百姓"。便、平一聲之轉，古人通用。

(3)取常用字代替冷僻字。如《堯典》"瞽子"，《五帝》作

"盲者子"。又"不格奸"改作"不至奸"。

(4)增字以足意。如《堯典》"有能俾乂"，《五帝》作"有能使治者"。又"試可乃已"，改作"試不可乃已"。清人錢大昕云："古人語急，以不可為可也。古經簡質，得史公而義益明。"（詳張舜徽《中國文獻學》174-175，陸宗達《訓詁簡論》159-160頁）

五、訓詁與辨僞

我國古籍向有眞僞，僞書多種多樣。有的依托前人以自重。如《漢書·藝文志·諸子略·小說家》有《伊尹說》廿七篇，注云："其語淺薄，似依托也。"他如《神農》廿篇、《黃帝內經》十八卷，皆僞托也。

有的委托別人為己著書而署己名。如《尙書今古文疏證》本畢沅命江聲代寫，今之版本作者仍為畢沅。

有的盜竊他人著作為己有，如郭象《莊子注》。《世說新語·文學篇》："初，注《莊子》者數十家，莫能究其旨要。向秀於舊注外為解義，妙析奇致，大暢玄風。惟《秋水》、《至樂》二篇未竟而秀卒。秀子幼，義遂零落，然猶有別本。郭象者，為人薄行，有俊才，見秀義不傳於世，遂竊以為己注。乃自注《秋水》、《至樂》二篇，又易《馬蹄》一篇，其餘衆篇，或定點句而已。後秀義別本出，故今有向、郭二《莊》，其義一也。"

有的原書散佚，別人僞造一本以冒充原書。如《古三墳》即是，蓋北宋人所為。

有的本眞品，但其中有後人增加的成分。如《漢書·藝文志》道家有《太公》 230篇，其中有些即後人所加。

至於辨偽的方法，也是多種多樣。造偽書者往往要模仿原著，力求在遣詞造句乃至文章風格上酷似原著，但不容易維妙維肖，總會露出破綻。以訓詁研究其詞句與行文風格，是辨偽的一種有效方法。如清人閻若璩《尚書古文疏證》第五十六條云：

> 又余向謂文有承訛踵謬，千載莫知其非，而一經道破，眞足令人笑者，不獨《大禹謨》之於《左傳》，抑且見《五子之歌》之於《爾雅》矣。《爾雅·釋詁》：“鬱、陶、繇，喜也。”郭璞注引《孟子》曰：“鬱陶思君。”《禮記》：“人喜則斯陶，陶斯詠，詠斯猶。”“猶”即繇也。邢昺疏：“皆謂歡悅也。鬱陶者，心初悅而未暢之意也。”又引《孟子》趙氏注云：“象見舜正在床鼓琴，愕然反辭曰：‘我鬱陶思君〔爾〕，故來。’爾，辭也。忸怩而慚，是其情也。”又引《下檀弓》鄭注云：“陶，鬱陶也。”據此，則象曰“鬱陶思君爾”，乃喜而思見之辭，故舜亦從而喜曰：“惟兹臣庶，汝其予於治。”孟子固已明下注腳曰：“象喜亦喜。”蓋統括上二段情事。其先言“象憂亦憂”，特以引起下文，非眞有象憂之事。……趙氏注一段頗爲傳神，僞作古文者一時不察，並竄入《五子之歌》中，曰“鬱陶乎予心，顏厚有忸怩。”不特敍議莫辨，而且憂喜錯認，此尚可謂之識字也乎？歷千載人亦未有援《爾雅》以正之者，抑豈可獨罪僞作者？噫，余蓋不敢深

言矣！

此段揭露《僞孔傳》不知《爾雅》有"鬱、陶、繇，喜也"
的詁訓，而於《尚書·五子之歌》釋"鬱陶"爲哀思。由此二字
之釋，可證其絕非孔安國之手。可見，辨別古書眞僞，亦須訓詁
學知識。

第三節　指導辭書編纂

字典辭書提供人們檢閱有關問題所需的基本知識和線索，是
科研的有力助手和有效工具。尤其是專業、專書、專人辭書近來
興起。如《詩經詞典》等。

首先，資料是辭書編纂的基礎。其收集主要依靠下列方式：

(1)引得式資料，即對重要典籍，逐字逐句製成引得卡片。此
類卡片，可以保證對所收典籍中的文句，包括正文中的訓詁資料，
一字不漏地收集起來，供編寫使用。

(2)選擇式資料，即對古書語言材料有選擇地製成卡片。凡有
注釋，則一併收集，以利使用。

(3)剪貼式資料，即對過去字典辭書與訓詁專著整本地按字頭
詞條給以剪貼分類，製成卡片。它可系統地收集前人的訓詁成果。

資料製作的質量，取決於製作者的訓詁學和語言學基礎。

其次，辭書的注音、解形、釋義與訓詁密切相關，需以訓詁
學爲指導。首先，工具書體例要參照前人的訓詁書和注釋書；其

次，其方法大多依據前人所創之互訓、義界和推因等多種方式方法；再次，可據以糾正舊辭書在釋義上的謬誤；再次，據以補充辭書遺漏的義項；再次，可理出詞的意義間的內部聯繫；最後，諸如聯綿詞的詞形、音隨義轉、詞義的科學概括等等，均需在訓詁成果的基礎上加以解決。

第九章 舊訓詁的主要弊病

　　漢唐以至明清的訓詁，不僅是今人通曉古代典籍的有效的工具，而且爲我國的訓詁學提供了極爲豐富的重要的材料。但是無庸諱言，古代的訓詁，由於種種局限，也存在不少弊病。只有分析舊訓詁弊病之所在，棄其糟粕，取其精華，才能建立科學的訓詁學。

一、穿鑿附會

　　所謂穿鑿附會，就是把彼此無關的事理任意牽合和強加比附。在科學不發達，唯心主義占統治地位的古代，這種現象在訓詁領域自然是比較常見的。東漢許愼在他的《說文解字·敘》裡，曾經批評當時的"俗儒鄙夫"，由於"玩其所習，蔽所希聞，不見通學，未嘗睹字例之條（指六書）"，"稱秦之隸書爲倉頡時書"，致生"馬頭人爲長（段注：謂馬上加人，便是長字會意，曾不知古文、小篆長字），人持十爲斗（段注：今所見漢隸字頭作卄，與升字、什字相混，正所謂人持十也），蟲者屈中也（段注：蟲從三虫，而往往借虫爲蟲……本象形字，所謂隨體詰詘，隸字只令筆畫有橫直可書，本非從中而屈其下也）"的穿鑿附會之說。

　　許慎是一代訓詁大師。在那樣的時代裡，他的《說文解字》也未能避免一些穿鑿附會的說解。例如：

　　一　惟初太極，道立於一，造分天地，化作萬物。

　　示　天垂象，見吉凶，所以示人也。從二，三垂、日月星也。觀乎天文以察時變，示神事也。

　　王　天下所歸往也。（按：王往迭韻。）董仲舒曰：“古之造文者，三畫而連其中謂之王。三者，天地人也；而參（即三）通之者，王也。”（見《春秋繁露》，引之說字形也）孔子曰：“一貫三爲王”（又引孔子語證董說）。

　　許慎用當時的哲學觀點來解釋“一”，已屬牽強；對於“示”“王”二字的解釋更屬附會。其實，“一”是用來計數的籌碼，是指事字；在造字時代，不可能有“惟初太極，道立於一”那樣抽象的哲學概念。“示”，甲骨文又作 亍 或 帀，有人說“象置祭品之几”；“三垂，日月星也”的說法是毫無根據的。“王”，甲骨文作 天 大 ▲ 等，不是什麼“一貫三”。有人認爲像地中有火，“王”即“旺”；也有人認爲像斧鉞形，是威嚴的象徵。許氏引董仲舒的解釋肯定是不對的，孔子的話也是誤傳。當然，許氏是局限於小篆字體，加之當時統治階級思想的束縛，故有此穿鑿之說。

　　用聲訓的方法來探究事物之所以得名的眞正解釋，由於濫用而違背了“名無固宜，約定俗成謂之宜”的事實和理論，因而必然流於穿鑿。這在前面已有所述及。又據郭沫若考證，干支本來來源於實物的名稱（《釋干支》，見於《甲骨文字研究》），但是漢代聲訓家依照時令來解釋它們的意義，如《淮南子·天文訓》《史記·律書》《漢書·律曆志》《白虎通·五行》《釋名·釋天》等書中的有關聲訓。實際情況是，十二地支配十二月始於漢代；而天干之配四季，則與五行有關，也始於漢代。從殷到秦，干支只用來紀日。這樣，干支以時令爲聲訓就完全失去了事實根據。

就是訓詁已處於鼎盛時期的清代，像段玉裁這樣既有一定求實精神，又掌握一些科學方法的訓詁家，有時也難免牽強附會。如"爲"字，甲骨文金文均作"象"，是以手牽象令其服役之形，許愼根據小篆說爲"母猴"，已是不倫不類。段氏竟引《左傳》輾轉爲之解釋，並注"下腹爲母猴形"曰："上既從爪矣，其下又全像母猴頭目身足之形也"，更屬無稽之談。段氏在談字形時也有穿鑿之處。如《說文》："厢，日在西方時側也，從日，仄聲。"段注云："此舉形聲包會意。隸作'昃'，亦作'吳'，……夫製字各有意義，'晏、景、晷、旱'之日在上，皆不可易也。日在上而干聲則爲不雨，日在旁而干聲則爲晚，然則厢訓爲日在西方，豈容移日在上？形聲之內，非無象形也。"徐灝批評他說："形聲之字固有以偏旁上下爲義者，然亦有取其字體相配，不可拘墟。若如段說，'厢'訓日在西方，不容移日在上，然則'晢'訓爲明，'晉'訓爲進，'啓'爲晝晴，'昔'爲日晞乾肉，其日皆當在上，何以置於下乎？"其所以如此，"除了一般的封建觀點外，段氏之病在於盲目尊許和過於自信"（《說文解字注·出版說明》）。

　　桂馥也是篤信許說。許慎講錯的地方，桂氏所找的例證也必然是勉強牽合的。如《說文》："殷，擊聲也。"桂說："馥案，擊聲者，所謂呵殷也。"呵殷與擊聲相去甚遠，無法牽合。可見，拘泥墨守，穿鑿附會的弊病就在所難免。這正是我們對待舊注應該防止的態度。

　　除了歷史的局限之外，階級的局限也會使訓詁走上穿鑿附會的歧路。《詩·豳風·七月》，據范文瀾說，是西周初年人追述周先公居豳時的農事詩，"那時候周社會正經歷著奴隸制階段"（《中國通史簡編》第一編第三章）。詩的第二章寫道："春日載陽，有鳴倉庚。女執懿筐，遵彼微行，爰求柔桑。春日遲遲，采蘩祁祁。女心傷悲，殆及公子同歸。"對後兩句，毛亨解說："傷悲，感苦事也。春女悲，秋士悲，感其物化也。殆，始；及，與也。豳公子躬率其名，同時出，同時歸也。"在陽春的和風暖日之下，從事採桑的農家女的心為什麼那樣"傷悲"呢？毛傳說是"春女悲，秋士悲，感其物化"，這顯然是牽強附會。《七月》全詩是敘述農奴在奴隸制度下的悲慘生活，這第二章正是描寫農家女子不但勞苦窮困，而且隨時擔心被貴族青年污辱的悲涼心情。毛傳把此詩當作對貴族的頌辭，把豳公子說成勞動者，因而把本是疑慮之詞的"殆"字訓為"始"，致使上下文意不相連貫。單就訓詁來說，"殆""始"二字未嘗不能相通。但從全詩內容來看，訓"殆"為"始"不能不是曲解同義。

　　又如《詩·大雅·靈台》："庶民攻之，不日成之。經始勿亟，庶民子來。"對於"子來"，鄭玄說是"眾民各以子成父事而來攻之"。朱熹《集傳》則根據趙岐《孟子》注，說是"如子趣父事，不召自來"。這些說法都不免迂曲牽強。俞樾曾指出其"皆非經旨"，並據《史記·律書》和《說文》，以爲"子"是"滋"的借字；滋，益也。"庶民子來"，就是"庶民益來"。（《群經平議》卷十一）今人高亨先生又以爲"子"借爲"孜"，"孜來"即"急來"。（《詩經今注》394頁）十分明顯，後二說比前二說更符合詩的原意，因而也更自然明快。

二、逞博煩瑣

《史記·太史公自序》記司馬談論六家要旨，曾說"儒家博而寡要"。在儒家思想的控制下，原作爲經學附庸的訓詁，自然也受到這種貪多逞博的影響，特別是今文學派所撰寫的，表現得尤爲突出。《漢書·儒林傳》說，漢元帝時"一經說至百餘萬言"。《藝文志》也說，秦延君（恭）說《尚書》的"堯典"二字用十餘萬言，說"曰若稽古"四字用三萬言。這是極其典型的例子。古文學派主張"訓詁通大義"，一般說來，其傳注比較簡明一些，如毛亨的《詩詁訓傳》、鄭玄的《毛詩箋》、《三禮注》和許愼的《說文解字》等；但是也不是沒有煩瑣之處。例如《詩·唐風·采苓》的開頭兩句："采苓、采苓，首陽之巓。"意思本來很好懂，然而毛傳、鄭箋卻都解釋了許多，結果並未抓住要領。無怪俞樾批評說："繁而無當，於詩意實未得也。"（《群經平議》卷九）

這種煩瑣逞博的傾向，在後來的訓詁當中依然存在。即如有名的《十三經注疏》，其疏文也未免煩瑣，讀起來實在費時費力。

例如《詩·周頌·昊天有成命》，對於其序文"昊天有成命，郊祀天地也"一句，孔穎達《正義》竟用了近五百字的篇幅，反覆考證其"天地"何指；在解釋詩文時，毛傳本來就比較簡明易懂，鄭箋又作了些發揮，而孔氏在疏通全詩之後，還引《國語·周語》叔向解說《昊天有成命》一詩的全文再作說明，眞是反反覆覆，不厭其煩。

又如《孟子·滕文公上》："有爲神農之言者許行"，趙岐注："神農，三皇之君炎帝神農氏。許、姓，行、名也，治爲神農之道者。"趙注本來已很明白。而焦循《正義》對於前者，不僅指出趙注所據出自《白虎通》，又引《易·繫辭》、《淮南子》以點明諸說之不同；對於後者，先引《漢書·藝文志》"農家者流……"一段，再引《商子·畫策篇》《呂氏春秋·爰類篇》及《太平御覽·皇王部》所引《尸子》等書作證。像這樣廣徵博引，已經超出訓詁的實際需要，只能說是爲了逞博而已。

《四庫全書總目提要》在概述西漢以後經說的利弊時指出："空談臆斷，考證必疏。於是博雅之儒，引古義以抵其隙。國初諸家，其學證實不誣，及其弊也瑣。"可見，清初諸家也有"一字音訓，動辨數百言之類"的煩瑣考證之病。如《康熙字典》田部開頭的"田、由、甲"三個字，其釋文就多到三千五百字左右；"佛"字下敘述佛教的源流，"錢"字下敘述錢幣的沿革和論錢的專著，更簡直成了論文。諸如此類，實在不足爲訓。（參看吾師張滌華《論康熙字典》，《江淮學刊》1962年1-2期）

指出舊訓詁的這一弊病，爲的是在閱讀舊注時應加注意，不要受其影響，而要善於辨別。因爲過去的訓詁大師們掌握了大量的第一手材料，其中科學的、合理的成分還需要我們去認眞發掘、吸取，以豐富我們今天的語言科學。

三、望文生訓

漢字是表意性較強的文字。字和詞之間有著種種的複雜關係，同詞異字與同字異詞的現象普遍存在。所謂望文生訓，就是不問字詞之間的複雜關係，只就字面勉強解說，其實跟原文的意義並不相干。望文生訓的實質，是把文字和語言混爲一談，拋棄了作爲語言內在因素的語音。例如：

> 《史記·刺客列傳》："樊於期……曰：此臣之日夜切齒腐心也！"司馬貞《索隱》："腐亦爛也。猶今人事不可忍云腐爛。"

這是因不明通假而望文生訓的例子。王念孫《讀書雜志》指出："引之曰：腐，讀爲拊。《爾雅》曰：'辟，拊心也。'郭注：'謂椎胸也。'《燕策》正作'拊心'。《索隱》訓腐爲爛，非是。"（第三冊之五）

> 《詩·載馳》："衆穉且狂。"毛傳："是乃衆幼稚且狂。"

這也是因不明通假而望文生訓的例子。王引之《經義述聞》卷五云："上文許人已是衆辭，不須更言衆矣。'衆'當讀爲'終'；

終，猶既也。……終稚且狂，既稚且狂也。此《詩》之例也。古字多借‘眾’爲‘終’。……稚者，驕也。（《集韻》：‘穉，陳尼切，自驕矜貌’。）《莊子·列御寇》：‘以其千乘驕稚莊子’是其證。……《傳》不知眾之爲終，又以稚爲幼稚，許之大夫，豈必人人皆幼稚邪？”王引之正是針對此種弊病指出：“改本字讀之，則怡然理順；依借字解之，則以文害辭。”（《經義述聞》卷三十二）

又如：

> 《漢書·西域傳》：“自貳師將軍伐大宛之後，西域震懼，多遣使來貢獻，漢使在西域者益得職。”顏師古注：“賞其勤勞，皆得拜職也。”胡三省《通鑒注》：“顏說非也。此言漢使入西域，諸國不敢輕忽，爲得其職耳。得職者，不失其職也”

這是因昧於古義而望文生訓的例子。《讀書雜志》：“胡解‘職’字亦未了。‘職’非職事之職，職猶所也。言自大宛王以殺漢使見誅，西域諸國皆不敢輕忽漢使，故漢之使西域者，皆得其所也。哀十六年《左傳》：‘克則爲卿，不克則烹，固其所也。’《史記·伍子胥傳》作‘固其職也。’是職與所同義……故得所亦謂之得職。《趙廣漢傳》曰：‘廣漢爲京兆尹，廉明，威制豪強，小民得職。’師古注曰：‘得職，各得其常所也。’是其證。”（第四冊之十五）職字古有所義，師古明於此而昧於彼，則有望文生訓之病。

> 《荀子·正名》："散名之加於萬物者，則從諸夏之成俗曲期。"楊注："曲期，委曲期會物之名者也。"

這也是因昧於古義而望文生訓的例子。洪誠指出：楊氏釋"期"爲會通、會意之會，不切古義。又說："'曲期'承（上文）'散名'而言。《禮記·禮器篇》曰：'經禮三百，曲禮三千。''刑名''爵名''文名'之外爲'散名'，'經禮'之外爲'曲禮'，曲禮爲禮之細散之節，曲期之'曲'義同曲禮之曲，曲期即指散名之各個涵義。"（《訓詁學》第三章第四節）這樣說來，"期"並非"期會"，"曲"亦非"委曲"，"曲期"似是"普遍認定的含義。"

又如：

> 《史記·陳涉世家》："失期當斬，藉第令毋斬，而戍死者固十六七。"漢末人服虔注："藉，假也。第，次第也。"應劭："藉，吏士名籍也。"

這是因虛實不辨而望文生訓的例子。服注和應注之誤，過去早就有人加以駁正。"藉第令"三字是虛字復用，都是"縱使"或"即使"的意思。像這樣誤把虛詞當作實詞解釋的例子舉不勝舉。王引之《經義述聞》卷32有"語詞誤解以實義"專條說明這個問題。

再如：

《禮記·禮運》："故聖人耐以天下爲一家、以中國爲一
人者，非意之也。"鄭注："耐，古能字。意，心所無慮
也。"孔疏："云'意心所無慮'者，謂於無形之處用心
思慮，無慮即慮無也。"

這是因單複不辨而望文生訓的例子。鄭玄釋"意"爲"心所無慮"；孔
穎達在疏解鄭注"無慮"時，卻把這個複音詞解釋爲"於無形之
處用心思慮"。對於這種拆駢爲單的說解，王念孫指出："無慮，
迭韻字也，或作亡慮。……亡慮轉爲孟浪，孟浪猶莫絡。莫絡、
孟浪、無慮，皆一聲之轉，皆都凡之意也。今江淮間人謂揣度事
宜曰毋量，即無慮之轉。"又說："大氐雙聲迭韻之字，其義即
存乎聲。求諸其聲即得，求諸其文即惑矣。"（《廣雅疏證》卷
六）可見，"心所無慮"即"心所揣度"的意思。

《漢書·嚴助傳》："今閩越王狼戾不仁。"師古曰：
"狼性貪戾，凡言狼戾者，謂貪而戾。"

這也是因單複不分而望文生訓的例子。王念孫《讀書雜志》：
"師古以狼爲豺狼之狼，非也。狼亦戾也。……《廣雅》曰：
"狼戾，狠也。"……是狼與戾同義。《燕策》曰："趙王狼戾
無親。"《淮南子·要略》曰："秦國之俗貪狼。"狼戾、貪狼，
皆兩字平列，非謂如狼之戾，如狼之貪也。"（第四冊之十六）
他在列舉大量例證之後，說："凡若此者，皆取同義之字；而強
爲區別，求之愈深，失之愈遠，所謂大道以多歧亡羊也。"

此外，如“猶豫”本是雙聲聯綿詞，又寫作“猶預，猶與，容與，夷猶”等，是遲疑不定的意思，二字不能拆開解釋。而顏之推《顏氏家訓·書證篇》說：“案《尸子》曰：‘五尺犬爲猶。’《說文》云：‘隴西謂犬子爲猶。’吾以爲人將犬行，犬好豫在人前。待人不得，又來迎候。如此往還，至於終日，斯乃豫之所以未定也，故稱猶豫。”後來顏師古注《漢書·高后紀》：“計猶豫，未有所決。”孔穎達疏《禮記·曲禮》：“卜筮者，先王之所以使民決嫌疑、定猶豫也。”都沿襲其誤，拆駢爲單。“逍遙”本是迭韻聯綿詞，又寫作“消搖”，不應割裂。而成玄英《莊子序》引顧桐柏云：“逍者銷也，遙者遠也，銷盡有爲累，遠見無爲理，以斯爲游，故曰逍遙。”

四、濫用通假

在古代，尤其是上古典籍裡，古音通假是常見的現象。正如王引之在《經義述聞·序》裡所說的，“字之聲同聲近者，經傳往往假借。學者以聲求義，破其假借之字，而讀以本字，則渙然冰釋。……故毛公傳詩多易假借之字，而訓以本字，已開改讀之先。至康成箋詩注禮，屢云某讀爲某，而假借之例大明。或病康成破字者，不知古字之多假借也。”王念孫、王引之父子明確提出古音通假說，並且廣泛應用，是擺脫了文字形體的束縛，把語音跟詞義直接聯繫起來。王力先生指出：“這樣做，實際上是糾正了前人把文字看成是直接表示概念的唯心主義觀點。”（《訓詁學上的一些問題》，《中國語文》1962年1期）妥善地運用古音通假的原理，對於理解古書，解除疑惑，確實是有用的。

王氏父子治學謹嚴，用本字改讀假借字，注意多舉例證，絕大多數精確可信。有些地方由於證據不足，例子太少，只憑臆斷，就不免產生流弊，給後世帶來了一些不良的影響。黃侃在《爾雅略說》中稱讚王引之在研究《爾雅》方面有不少精闢的見解，同時也指出他"好以意破字。如改'坎、律，銓也'之'坎'爲'次'，'振，古也'之'振'爲'自'，皆嫌專輒。"按《爾雅·釋言》："坎、律，銓也。"郭璞注："《易》坎卦主法。法、律皆所以銓量輕重。"邢昺《爾雅疏》引樊光說："坎，水也。水性平，律亦平，銓亦平也。"又《詩·周頌·載芟》："振古如茲。"鄭玄箋："振，亦古也。"可見"坎"有"銓"義，"振"有"古"義，都不必改字。

黃侃在《與人治小學書》中評論朱駿聲的《說文通訓定聲》時說："朱君說異部通假，實多允當；其說同韻通假，愚心良多未安。"這是說朱駿聲對異部通假有諸多考證方才肯定，而對同韻通假僅倚仗其同音而索求比較隨便。

對於俞樾的《群經平議》，黃侃也有類似的評價，一方面指出其中有關《爾雅》部分有不少"皆前人所未道"，另一方面也批評他"隨意破字之病較高郵王氏爲多"。例如他解釋《詩·魏風·伐檀》："不稼不穡，胡取禾三百廛兮"，"不稼不穡，胡取禾三百億兮"，"不稼不穡，胡取禾三百囷兮"，以爲"廛"同"纏"，"億"同"繶"，"囷"同"緷"，都是"束"的意思。（《群經平議》卷九）王力先生批評說："爲什麼這樣巧，在同樣的位置，一連寫了三個別字（指通假字）呢？像'億'字這樣普通的數目字，爲什麼忽然變了一個僻詞（繶），用了一個僻義（束）呢？《詩經》裡一共有六個地方用了‘億’字，其餘五個地方的‘億’字都不當‘束’講，其他先秦各書的‘億’字也不都當‘束’講，《伐檀》的‘億’字偏要當‘束’講，語言的社會性何在呢？”（同上引）其實《伐檀》一篇中的“廛、億、囷”，毛傳、鄭箋、孔疏都講得很對。關於“廛”，毛傳：“一夫之居曰廛”；孔疏：“汝不親稼穡，胡爲取禾三百夫之田穀兮！”關於“億”，毛傳：“萬萬曰億”；鄭箋：“十萬曰億，禾秉之數。”（鄭箋較妥）關於“囷”，毛傳：“圓者爲囷”；孔疏：“方者爲倉，故圓者爲囷”。可見“億”就是十萬個禾秉，“囷”就是倉廩之類，“廛、億、囷”都當量詞用，不過甚言其多。關於這三個字的解釋，實在不必用改讀本字的方法來翻案。

又如《莊子·列御寇》：“槁項黃馘者。”俞樾說：“馘者俘，馘也，非所施於此。‘馘’疑‘癎’之假字。《說文》疒部：‘癎，頭痛也。’黃癎，謂頭痛而色黃。”在俞氏以前，陸德明《釋文》引司馬彪曰：“黃馘，謂面黃熟也。”這已經說得十分明白，而俞氏卻要用假借作牽強生硬的解釋，不能說不是走了極端。

後人沒有王氏父子的謹嚴，往往以“聲近義通”、“一聲之轉”之類的話爲護符，任意改讀破字，就未免失之於濫。同音字的通假是比較可信的；讀音十分相近的通假也還是可能的，因爲可能有方言的關係。但是，如果沒有任何證據，沒有其他例子，古音通假的解釋就有濫用以至穿鑿附會的危險。

五、增字強釋

這裡所說的"增字"，是指在解說時加進原文所沒有的詞語。
"增字"有兩種情況要分清。一種是黃侃所說的，"蓋古人言辭
質樸，有時非增字解之，不足以宣言意"。（轉引自黃焯《訓詁
說叢》）這是說原文本有這個意思，而字面上沒有出現表示此意
思的詞語，增字只是爲了宣明文意。這種"增字"是必要的，是
符合原意的，我們可以稱之爲"增字完意"。如《詩・北風・靜
女》："靜女其姝。"毛傳："靜，貞靜也。"又如《鄘風・相
鼠》："相鼠有體。"毛傳："體，支體也。"劉師培於前者說：
"靜與貞各爲一義，傳以此文'靜'兼'貞'言，故並言貞靜。"
於後者說："（孔）疏申毛說，謂上云有皮、有齒，已指體言；
明此言非遍體，故爲支體。其說深許毛義。"（《毛詩詞例舉
要》）又如《召南・野有死麕》："有女如玉。"毛傳："德如
玉也。"若不增一"德"字，則可能誤以爲色如玉矣。

另一種是王引之所說的："經典之文，自有本訓，得其本訓，
則文義適相符合，不煩言而已解。失其本訓，而強爲之說，則阢
陧不安，乃於文句之間增字以足之，多方遷就，而後得申其說。
此強經以就我，而究非經之本義也。"（《經義述聞》卷32）這
是說原文並沒有這個意思，卻"強經就我"，增字只是爲了自圓
其說。這種增字是不符合原意的，是由於不明"經典之文"的
"本訓"的結果。我們可以稱之爲"增字強釋"。王引之列舉了
大量的例證來說明這種現象。這裡選錄數例：

《易·繫辭傳》："聖人以此洗心。"洗與先通；先，猶
導也。言聖人以此導其心思也。而解者曰："洗濯萬物之
心。"（韓注）則於"心"上增"萬物"字矣。

《書·金縢》："敷佑四方。"敷，遍也；言遍佑四方之
民也。而解者曰："布其道以佑助四方。"（馬注）則於"
敷"下增"道"字矣。

《詩·邶風》："終風且暴。"終，猶既也；言既風且暴
也。而解者曰："終日風爲終風。"（毛傳）則於"終"下
增"日"字矣。

《禮祀·郊特牲》："爲人臣者無外交，不敢貳君也。"
貳，並也；言不敢比並於君也。而解者曰："不敢貳心於
他君。"（正義）則於"貳"下增"於他"字矣。

《左傳·莊公二十八年》："有渝此盟，以相及也。"及
乃反之訛；相反者，相違也。而解者曰："以惡相及。"
（杜注）則於"以"下增"惡"字矣。

從王引之對所引例句的分析可以看出，增字強釋的弊病在於所增
加的字表示原文並未包含的意思，是外在強加的。王引之在解說
時也增加了不見於原文的字詞，但這字詞的意思卻暗含於原句之
中。如《金縢》"敷佑四方"，王氏解爲"遍佑四方之民"。這
"之民"二字是王氏增加的，但原句的確暗含其意，只是被作者
省略了。王氏增加"之民"二字，把原文解說得更明白了。

　　俞樾《群經平議》亦有類似評論。例如：

《詩·鄭風·將仲子》："將仲子兮，無逾我里。"毛傳：
"里，居也。二十五家爲里。"孔穎達《正義》："謂勿
逾越我里居之垣墻。"俞按："二十五家之里不可逾越，
故《正義》加'垣墻'字以成其義，然非經旨也。《文選
·幽通賦》："里上仁之所廬。"曹大家注曰：'里、廬
皆居處名也。'是里爲居處之名，與廬同義。《漢書·食
貨志》云：'在野曰廬，在邑曰里'，是其義也。無逾我
里，猶云無逾我廬。傳以居釋廬，其義已足，又申之曰：
二十五家爲里，則轉失之。"

孔氏增"垣墻"二字爲釋，不僅不符合詩文意旨，而且與上文相
重複，因爲《將仲子》第二章即作"無逾我墻"。

有鑒於此，王引之感慨地說："治經者苟三復文義，而心有
未安，雖捨舊說以求之可也。"（《經義述聞》卷三十二）

六、不解語法

古代的訓詁，雖然也包含有闡述語法現象的內容，但是都比
較粗疏而零散，一般限於某些語序的說明和某些虛詞的解釋。這
說明古代的訓詁家只有語法意識，並沒有語法系統。在漢唐時代，
明確地運用語法去分析古代文獻的語言結構，並不多見。不能自
覺地運用語法觀點去分析句子的結構，就很難準確地理解詞和詞
組的意義，因而導致注疏上的失誤。這也是舊訓詁的一個主要的
弊病。清代訓詁學家的一個成就，就是通過語言結構的分析去訂

正前人注釋上的錯誤。

　　《論語·衛靈公》："由知德者鮮矣。"《集解》引王肅
　　說："君子固窮，而子路慍見，故謂之少於知德者也。"

　　按照王肅的說法，"由"是句中主語，"鮮"是謂語，"知
德"前加"於"字充當句子的補語，全句應讀作"由鮮於知德矣"。這
是誤解了原句的結構。皇侃《疏》："呼子路語之云：夫知德之
人難得，故爲少也。"陳澧《東塾讀書記》卷二指出："皇疏最
精確，……王肅說非是……皇疏解'知德者'爲'知德之人'，
文義最明。若如王肅說，則'者'字何所指乎？"根據皇侃的分
析，"由"是呼語，"知德者"是名詞性詞組，即"知德之人"，
是主語，"鮮"是謂語。因爲這種分析符合原意，所以陳澧才說
"皇疏最精確"。

　　《論語·述而》："加我數年，五十以學《易》，可以無
　　大過矣。"《集解》云："孔子年五十而知天命，以知命
　　之年，讀至命之書，故可以無大過。"

何晏以《論語·爲政》篇的"五十而知天命"，來解釋這裡的"
五十"就是到了知命之年的意思，因而得出"孔子非到五十歲不
能讀《易經》"的結論。這是由於誤解了原句結構而導致的不合
邏輯的推論。俞樾《續論語駢枝》即予以駁正："當以'加我數
年'爲一句，'五、十'爲一句，'以學易'爲一句。'五、十'

二字承‘加我數年’而言，蓋不取必所假者幾何年，故著二字，言五或十也。使足成其文，曰‘假我數年，五年，十年，以學易，可以無大過矣。’則文義便自瞭然。因上句已有年字，故五、十下不更出年字。”俞氏指出，“五”和“十”是並列結構，是約數而不是確數，正是從語言結構上解釋語義。這樣分析，不僅符合邏輯，而且明白得多了。

> 《史記·魯仲連傳》：“魯仲連曰：吾將使秦王烹醢梁王。辛垣衍怏然不悅，曰：噫嘻！亦太甚矣，先生之言也！”王若虛《遺老集》卷十五云：“多‘先生言’字。必欲存之，當在‘太甚’字上。”（《史記辨惑》七）

王若虛不懂得語法有時代的差異，一律以宋代文法作爲行文標準來論定是非，因而在他的經史辨惑中也有一些錯誤的分析。感嘆句謂語前置是古今漢語的共同現象。王若虛不明瞭，便指斥“先生之言”爲冗複而欲刪去，若不刪去就要將它提前。殊不知《戰國策·趙策》同一句句法亦如此。

> 《左傳·昭公十九年》：“其一二父兄懼墜宗主，私族於謀而立長親。”王引之《經傳釋詞》卷一：“言私謀於族也。”

王氏所說不合原句結構。《馬氏文通》卷七就此句云：“私族於謀者，謀於私族也。或云‘私謀於族也’，是則‘私’爲狀字，而與‘謀’字不合也，於例不安。”所謂“於例不安”即不合語法。馬氏認爲，“私”是“族”的定語；移置在“謀”字之上，結構變了，意義也就不同了。

> 《書·皋陶謨》：“萬邦作乂”。《史記·夏本紀》以“爲”字代“作”字。

在司馬遷看來，“爲”和“作”是同義詞，所以可互相轉譯。這就沒有從原句結構來考慮，因而文義終究不定。王引之《經傳釋詞·敘》說：“作，爲也，而又爲詞之始與及，若皆以‘爲’釋之，則《尚書》之‘萬邦作乂’……皆文義不安矣。”王氏是說，“萬邦作乂”之“作”在句子結構中已成虛詞，是“始”的意思。“萬邦作乂”即“萬邦始治”。

> 《論語·公冶長》：“子貢曰：夫子之文章，可得而聞也；夫子之言性與天道，不可得而聞也。”何晏《集解》：“章，明也。文采形質著見，可以耳目循。性者，人之所受以生也；天道者，元亨日新之道。深微，故不可得而聞也。”邢疏：“此章言夫子之道深微難知也。”

由於不曉語法，不僅何晏、邢昺沒有疏解明白，而且其他訓詁家也頗多分歧。如顏師古《漢書注》：“孔子不言，故不可得聞。”朱熹《集解》：“性與天道，夫子罕言之，子貢至是始得聞之，而嘆其美也。”顧炎武《日知錄》：“夫子之教人文行忠信，而性與天道在其中矣。故曰不可得而聞。”宋翔鳳《論語說義》：
“所謂不可得聞，謂舉世之人不可得聞，非自謂不聞也。”這些
解釋都與原意不合。戴東原心知原句文法，因而解釋最確當：
“讀《易》，乃知言性與天道在是。……自孔子言之，實言前聖
所未言；微孔子，孰從而聞之？故曰：‘不可得而聞’。”
（《戴震集·孟子字義疏證序》）洪誠指出：“子貢說：孔子所
談的禮樂制度，我們可能聞之（於人）；他所談的性與天道的哲
學問題（那是他個人的創見），我們就不可能聞之（於人）了。
上句探下句省‘言’字。‘聞’的間接賓語即介賓詞組補語因泛
指而省。‘夫子之文章’、‘夫子之言性與天道’，是‘聞’的
受事語，分別做兩個句子的主語。”經過這麼一分析，這兩句話
的意思十分淺顯，幾乎同口語一樣。

第十章 考釋詞語的方法

在訓詁方法中，除所謂形訓、聲訓、義訓三種基本方法以外，通常還有分析語言本身所表示的意義的一般方法。比起基本方法來，本章所介紹的，是訓詁古籍時經常使用的方法。

一、析詞審義

所謂析詞，主要指分清詞和非詞的界限，明確造句的單位，從而達到確定詞義的目的。

1. 故狗似玃，玃似母猴，母猴似人，人之與狗則遠矣。

（呂氏春秋·察傳）

1. 九月肅霜，十月滌場。（詩·七月）

3. 大臣相與陰謀……（漢書…高后紀）

4. 汝爲人臣子，不顧恩義，畔主背親，爲降虜於蠻夷，何以汝爲見？（漢書·蘇武傳）

5. 今成皋、陝西大澗中，立土動及百尺，迥然聳立，亦雁蕩具體而微者，但此土彼石耳。（夢溪筆談·雁蕩山）

前二例的"母猴、蕭霜、滌場"皆連綿詞，後三例的"陰謀、臣子、具體"分別是偏正詞組、並列詞組、述賓詞組。

二、查據古訓

這是指通過查尋一般不常用的字典辭書及古籍訓釋作爲對某詞進行確切解釋的依據。

1.因而數讓之。（史記·張儀列傳）

王念孫據《廣雅》、《戰國策·秦策》高誘注，指出："數"並非頻數義，亦責義。（讀書雜志·史記第四）

2.因自皮面決眼。（史記·刺客列傳）

王氏據《廣雅》"皮，離也""皮，剝也"之訓，謂此"皮"爲以刀自割其面也。（讀書雜志·史記第五）

3.令民爲什伍，而相牧司連坐。（又商君列傳）

牧，《方言》"察也"，《小爾雅·釋言》"臨也"。察、臨皆監視義。司，借爲"伺"，偵察也。牧司是同義連文，即監視。

4.猶將銷鑠而挺解也。（牧乘：七發）李善注引高誘《呂氏春秋》注曰：挺，猶動也。

王念孫曰：“今按鑠亦銷也，挺亦解也。《呂氏春秋·仲夏紀》‘挺眾囚，益其食。’高注曰：‘挺，緩也。’……《後漢書》……李賢注並云：‘挺，解也。’”（讀書雜志·餘編下）可知“挺”有緩解義。

5.曾傷爰哀，永嘆喟兮。（楚辭·懷沙）王逸注：爰，於也。

據《方言》卷一：“喧，痛也。凡哀泣而不止曰喧。”又卷十二：“爰，哀也。”爰即喧。“爰哀”連文，言哀而不止。

三、辨別字形

訓詁家往往能於字形之微別中，得到訓詁上的重大發現。如《說文·目部》：“盼，白黑分也。”“眄，恨視也。”“眄，邪視也。”段氏於“盼”字注云：“盼、眄、眄三字形近多互訛，不可不正。”

1.將加己手十仞之上，以其類爲招。（戰國策·楚策）王念孫曰：“類當爲顙字之誤也。招，的也。”（讀書雜志·戰國策）

2.弱子扞弓，慈母入室閉戶。（韓非子·說林下）王引之以爲扞當扜之誤，"扜"有引義。弱子引弓，則矢必妄發。

古書裡形近互訛之例不勝枚舉，訓詁時不可不辨。如論諭、巠至、苦若、循脩、分介、待持（參《讀書雜志》）、斲鄧、策美、戒貳、傅儒、羔美、遇過、離雜（參《札迻》）等等。

3.寧王遺我大寶龜。（尚書·大誥）

孔傳、孔疏皆以"寧"爲"安"。吳大澂《字說》、孫詒讓《尚書駢枝》均指出，古鐘鼎款識"文"皆作"爻"，與"寧"相似致誤，"寧王"即"文王"。

四、鉤稽舊注

此法之所以有必要，因爲任何一種辭書都不可能把古代典籍的訓釋完全包羅進去。

1.媒人去數日，尋遣丞請還。說有蘭家女，承籍有宦官。
（孔雀東南飛）

或曰蘭爲蘭姓，或曰蘭爲劉字之誤（聞一多、余冠英說，參《兩漢文學史參考資料》）。近人有從張湛《列子注》裡發現線索：

《列子·說符》："宋人有蘭子者，以技干宋元。……又

有蘭子又能爲燕戲者爲之。"張注："凡人物不知生出者
謂之蘭。"

可知，詩中"蘭家女"即"某家女"。這是晉宋口語的一種特殊
用法。

2.伶處天地間，悠悠蕩蕩，無所用心，嘗與俗人士相牾，
　　其人攘袂而起，欲必筑之。（《世說新語·文學》劉孝標注引《
竹林七賢論》）

此"筑"字用法不見於先秦兩漢著作。《資治通鑒》胡三省注提
供了線索：

《魏紀八》："師怒，以刀環筑殺之。"胡注："刀把上
有環。筑，擣也。"

五、參考異文

所謂異文，指某句之某字在不同版本或篇目中寫作另一字。
通過異文比較，有時也能解決問題。

1.……抱兒鞭馬南馳。（漢書·李廣傳）
廣佯死，睨其旁有一胡兒騎善馬，廣暫騰而上胡兒馬，因
推墮兒，取其弓，鞭馬南馳。（史記·李將軍列傳）裴駰

《集解》引徐廣曰：“一云‘抱兒鞭馬南馳’也。”

據此異文，可推斷“抱”有墮義，即拋也。

2. 臣願披心腹，墮肝膽。（漢書，蒯伍江息夫傳）

披腹心，輸肝膽。（史記·淮陰侯列傳）

王念孫據此曰：墮者輸也，謂輸肝膽以相報也。（讀書雜志·漢書第九）

3. 國平養儒俠，難至用介士。所利非所用，所用非所利。

（韓非子·五蠹）

此語亦見《顯學》篇，“利”改作“養”。可斷定，“利”有養義。

4. 舉家依鹿門，劉表焉得取。（杜甫：遣興五首）《全唐詩》

注：“依，一作隱。”（四冊2290頁）

由此推斷，依有隱義。又《廣雅·釋詁》：“蔚、薈、庈、隱，

翳也。”王疏：庈猶隱也，語之轉耳。可知，依即庈。

5. 從此後阿爺兩目不見，母即玩遇，負薪詣市。（敦煌變文集

·舜子變）

父至塡井，兩目失明，母亦頑愚（愚），弟復失音（同書·孝
子傳）

二文對照，玩遇即頑愚，冥頑而愚蠢也。

六、印證方言

利用方言材料解讀古籍，會有不少創獲。某些方言保存古代
的成分，往往成爲考釋古詞古義的活的依據。此法古人早已用之。

1. 紡焉以度而去之。（左昭19年）陸德明《釋文》："去，
　起呂反，藏也。"孔穎達《正義》："去即藏也。字書
　'去'作'弆'，謂掌物也。今關西仍呼弆，東人輕言
　爲去。"

孔氏即引用方言爲證。

2. 玄德看其人，身長九尺，髯長二尺，面如重棗，唇如塗
　脂……。（三國演義·第一回）
3. 髯長一尺八，面如掙棗紅。（關漢卿·單刀會）

今山西有些方言把全熟未軟、飽滿鮮紅的棗子叫掙棗，"掙、重"
二字同音。二書皆以形容關羽的臉色。

七、審視文例

㈠連文：即同義連用、同義複詞。這是古人行文特點。

1. 察篤夭隱，孤寡存只。（楚辭·招魂）王逸注篤爲病，洪興
    祖釋篤爲厚。

王念孫曰：篤與督同；督，察也。是篤與察同義。此句言察督夭
折隱約之人，存視孤寡之人。（讀書雜志·餘編下“察篤夭隱”
條）

2. 人窮則反本，故勞苦倦極，未嘗不呼天也；疾痛慘怛，
    未嘗不呼父母也。（史記·屈原列傳）

按：勞苦、疾痛、慘怛，均連文之例，倦極亦連文，極亦倦也。

㈡對文：即處於結構相似的上下兩句中同一位置的字詞，它
們往往同義或反義。

1. 叢林之下無怨女兮，江湖之畔無隱夫。（楚辭·愍命）

按：怨與隱對文，怨有隱義，而隱與幽獨義通。

2. 青雲滿眼應驕傲，白髮渾頭少恨渠。（杜牧：寄浙西李判官）

按：渾、滿對文，渾即滿也。

3. 杯觴引滿從衣濕，牆壁書多任手頑。（姚合：酬盧□汀諫議，

全唐詩，5699頁）。

按：從、任對文，從猶任也。

4.昨日紫姑神去也，今朝青鳥使來賒。（李商隱：昨日）

按：也、賒對文，均爲語助。賒亦作"吖"。

㈢儷偶：指若干句法相似的句子排列在一起的現象。其中處於相應地位的詞往往同義或近義。

1.何以致拳拳？綰臂雙金環。
　何以致殷勤？約指一雙銀。
　何以致區區？耳中明月珠。
　何以致叩叩？香囊繫肘後。（漢・繁欽：定情詩）

按："拳拳"等四詞處於相應位置，皆有懇摯款城之義。《廣雅・釋詁》："拳拳、區區、款款，愛也。"又"懇懇、叩叩、斷斷，誠也。"

2.坎坎伐檀兮，置之河之干兮
　坎坎伐輻兮，置之河之側兮
　坎坎伐輪兮，置之河之漘兮（詩・伐檀）

按：側，邊也；滸，水邊；干，必爲岸邊也。

八、類比歸納

在無字典辭書和古籍舊注可依時，通過搜集，歸納、排比同類語言材料，以求得確切的解釋。

　　1.巧倕不斲兮，孰察其撥正？（楚辭·九章·懷沙）

孫詒讓《札迻》卷十二排比並依據古注證明"撥"有曲義：

　　《管子·審合篇》：夫繩扶撥以爲正。
　　《荀子·正論》：不能以撥弓曲矢中。
　　《戰國策·西周策》：弓撥矢鉤。
　　《淮南子·本經訓》："扶撥以爲正。"高誘注：撥，枉也。
　　又《修務訓》："琴或撥剌枉撓。"高注：撥剌，不正也。
　　2.恣君之所使之。（戰國策·趙策）

楊樹達排比以下材料，得出"所者，意也"的結論：

　　《史記·絳侯列傳》："上視而笑曰：此非不足君所乎？"
　　《漢書·佞幸傳》："上有酒所，從容視賢笑曰：吾欲法堯禪舜，何如？"王先謙《漢書補注》釋"酒所"爲"酒意"。

《漢書·曹參傳》："窟既洗沐歸，時間自從其所諫參。"

顏師古注："自從其所，猶言自出其意也。"

近人楊樹達曰："凡云"從其所"者，皆謂"由其意"也。從者，由也；所者，意也。"（《古書疑義舉例續補》第廿三）

   3. 非以身生漢世，可襃增頌嘆，以求媚稱也。（論衡·宣漢篇）

    或注云，"媚，喜愛，寵幸。稱，稱讚。"（論衡注釋·冊三）

據以下語言材料加以類比，可知上注非是：

《論衡·逢遇》：偶以形佳骨媚，皮媚色稱。

又《逢偶》：或以醜面惡色稱媚於上。

又《定賢》：或骨體媚麗，面色稱媚。

又《幸遇》：無德薄才，以色稱媚。

《荀子·禮論》：吏死生終始莫不稱宜而好善，是禮義之法式也。

以上"稱、媚"或對文，或連文，《荀子》一例"稱、好"對文，"好、媚"義近，可推斷稱亦媚也，稱非稱讚義。

   ④（曹）操曰：我才不如君，乃覺三十里。（世說新語·捷悟）

此“覺”用法特別，絕非省悟義。比較以下材料可知：

> 《世說新語》：唯東亭一人常在前，覺數十步。
>
> 《宋書·天文志》：自夏至之后，……日所在度稍南，故
> 日出稍南，以至於南，至而復初焉。斗二十一，井二十五，
> 南北相覺四十八度。

經類比可推知，此“覺”字是表示時間或空間的距離，即差距義。

第十一章　訓詁的基本原則

　　爲了建立科學的訓詁學，就必須認眞地分析和總結前人的訓詁理論和訓詁經驗，去粗取精，去僞存眞，提出符合科學語言學理論的訓詁原則。

　　前面說過，訓詁是在古代文獻的範圍內，爲克服語言文字的障礙而存在的學術性工作。作爲訓詁對象的語言文字，既是社會現象，又是歷史現象。語音和語義如何結合成特定的語言成分，這種特定的語言成分又用什麼樣的書寫符號來表示，都取決於一定社會集體的意志，取決於一定的社會習慣。古人使用語言文字，要服從一定的社會習慣；今人爲克服語言文字的障礙而進行訓詁，也要遵守當時的社會習慣。

　　訓詁學的主要研究內容是語義，而作爲語義基礎的詞義，是客觀對象在人們意識中的概括反映。具有一定意義的詞，又總是以當時某種確定的語法形式（詞的構成方式，詞的性質，詞和詞的搭配關係等）進入句子的。詞義，不僅受語言詞匯系統的制約，而且受語言環境和句法規律的制約。我們在解決古代文獻裡某些語言文字障礙時，不能不考慮並遵循這種制約性。

　　所謂“訓詁的原則”，是指在普遍的意義上訓詁應該遵循的準則。

第一節　詞義的社會性

語言是社會的產物。"名無固宜，約之以命。約定俗成謂之宜，異於約則謂之不宜。"《荀子·正名》篇裡的這段話指出，詞的意義不是由任何個人主觀決定的，而是由社會決定並受社會制約的。因此，解釋詞義就要符合一定的社會實際，不能離開語言的社會性而專就一詞一句去揣測。王引之在《經傳釋詞序》裡提出的"揆之本文而協，驗之他卷而通"的訓詁原則，正是語言社會性原理的體現。

王氏於《經義述聞》卷五"終風且暴"條引其父王念孫之說云：

> 《終風篇》："終風且暴"。《毛詩》曰："終日風爲終風。"《韓詩》曰："終風，西風也。"此皆緣詞生訓，非經文本義。終，猶既也，言既風且暴也。《燕燕》曰："終溫且惠，淑愼其身。"《北門》曰："終窶且貧，莫知我艱。"《小雅·伐木》曰："神之聽之，終和且平。"（《商頌·那》曰："既和且平"。）《甫田》曰："禾易長畝，終善且有。"《正月》曰："終其永懷，又窘陰雨。""終"字皆當訓爲"既"。"既""終"語之轉，既已之"既"轉爲"終"，猶既盡之"既"轉爲"終"耳。解者皆失之。

對此，王引之還進而補充道：

《爾雅》曰："南風謂之凱風，東風謂之谷風，北風謂之
涼風，西風謂之泰風。焚輪謂之頹，回風爲飆。"以上六
句，通釋《詩》詞而不及"終風"。又曰："日出而風爲
暴，風而雨土爲霾，陰而風爲曀。"以上三句，專釋此詩
之文而亦不及"終風"。然則"終"爲語詞明矣。

　　不僅《詩經》其他篇章的"終Ａ且Ｂ"這種句式裡的"終"
字都不當"終日"講，而且《爾雅》一書有關的通釋和專釋也都
未說及"終風"；那麼《毛詩》釋"終風"爲"終日風"，《韓
詩》釋"終風"爲"西風"，都是主觀臆測，違背了詞義社會性
的原則，因而必然不符合"經文本義"。王氏父子釋"終風且暴"
的"終"爲"既"，不單是因爲"終"有"既"義，更重要的是
"終Ａ且Ｂ"在同一社會的語言裡可以換成"既Ａ且Ｂ"，而且
可以舉出十個八個用例來。這就證明，"終Ａ且Ｂ"這樣的連接
結構，在當時社會確實是普遍的語言現象。這樣的訓詁完全符合
詞義社會性的原則，因而是可以信從的。

　　王力先生也曾指出，如果所作的詞義解釋，只在這一處講得
通，不但在別的書上再也找不到同樣的意義，連同一部書裡也找
不到同樣的意義，那麼這種解釋是很可懷疑的。《左傳·莊公十
年》所載曹劌論戰一段有句云："肉食者謀之，又何間焉？"這
個"間"字，有人釋爲"補充或糾正"。就這一處來說，似乎講
得通，但不符合語言事實。《左傳》用"間"字共八十一處，其
他八十處皆不當"補充、糾正"講；不僅《左傳》，其他先秦兩
漢古書的"間"字也不當"補充、糾正"講。可見這是主觀唯心

的解釋，毫無語言社會性的根據，因而是不能取信於人的（參看《訓詁學上的一些問題》）。又《左傳·隱公元年》"多行不義必自斃"的"斃"，在當時是"倒仆"的意思。《左傳》用"斃"共二十三次，大多通"獘"，與"死"無關，其中有五次是"倒仆"的意思。《定公八年》："顏高奪人弱弓，籍丘子鉏擊之，與人俱斃，偃，且射子鉏，殪。"顏高"與人俱斃"以後還能夠"且射子鉏"，可見他當時沒有死。《成公二年》："射其右，斃於車中，……韓厥俛定其右。"晉杜預注："右被射仆車中，故俯安隱（穩）之。"可見其車右也只是倒下，並沒有死。《哀公二年》："鄭人擊簡子，中肩，斃於車中。"戰後趙簡子還自誇戰功，可見當時也沒有死。《說文·犬部》："獘，頓仆也。……斃，獘或從死。"段注："經書頓仆皆作此字。……蓋許時經書'斃'多作'獘'。"這可以證明"斃"是"獘"的後起字，而"獘"字重在因疲乏或傷病而倒下。若是將《左傳》裡的"斃"解釋作"死"，那是不符合社會性原則的。

解釋詞義，要遵循語言社會性的原則，就是說要注意詞義的普遍性。對某個詞語的某種解釋，在同類型的語句中應該都能講得通，方可認定；若有障礙，那種解釋就值得重新考慮。因此，為了求得對詞語的準確的解釋，要注意同類型語言材料的排比和分析。《資治通鑒》卷二百四十，唐憲宗元和十二年："時大風雪，旌旗裂，人馬凍死者相望。"有的注作："相望：彼此望得見，隨處可見的意思。"（初中語文課本，第三冊156頁，人民教育出版社，1978。）這是把"相望"的"相"字當作通常的"互相"義來理解了。這樣注釋，讀來大體過得去，卻不能盡如人意。試比較與此相同或相近的句子：

①今世殊死者相枕也，……刑戮者相望也。（《莊子·在宥》）

②〔商賈〕因其富厚，交通王侯……千里遊遨，冠蓋相望。

（《漢書·食貨志》）

③監司項背相望。（《後漢書·左雄傳》）

④壽丘里闉，列刹相望。（《洛陽伽藍記·卷四·城西》）

⑤往往而死者相籍也。（《柳宗元·捕蛇者說》）

拿例③來說，"項"是"後脖"，"背"是"後背"，監司無論面對面還是背靠背，都不能"彼此望見項背"，"項背相望"，當然是說每一個站在後面的人都望見他前面的人的項和背。例④的"列刹相望"，郭錫良等編《古代漢語》注為：排列了很多佛寺，相距很近，可以望見。"（上冊42頁，北京出版社，1981。）這樣解釋和"列刹"文意不相連貫；從語法上來說，"列刹"是主語，"相望"是陳述此主語的謂語。釋"相"為"相距很近"，已是增字強釋；釋"望"為"可以望見"，那又是誰"可以望見"？再看例⑤的"死者相籍"，《古代散文選》解釋成"屍體互相壓著"（中冊136頁，人民教育出版社）。這就令人費解：上面的屍體可以壓著下面的，而下面的屍體又怎麼能壓著上面的呢？可見，上引六句裡的"相"字，都不是"互相"而是"遞相"的意思。"相望"本是"遞相望見"，"相枕""相籍"本是"遞相枕籍"，分別引申為"一個接著一個"和"一個壓著一個"的意思。如此訓釋以上各句，無不貼切。

第二節　詞義的時代性

陳澧在《東塾讀書記》裡說：“時有古今，猶地有東西有南北。”段玉裁在《廣雅疏證序》裡也曾指出，字“有古義，有今義”。古今是一個歷史概念，同是古代漢語的書面語言，也還有一個時代先後的問題，如先秦不同於漢魏六朝，漢魏六朝又不同於唐宋。詞的意義在不同的時代，有不同的變化。例如：

> 《左傳·昭公廿八年》：“梗陽人有獄，魏戊不能斷。”
> 《墨子·非命下》“聽獄治政。”
> 《史記·鄒陽列傳》：“恐死而負累，乃從獄中上書。”
> 《左傳·襄公卅一年》：“乃築諸侯之館。”
> 《文選·上林賦》：“離宮別館，彌山跨谷。”
> 《宋史·何涉傳》：“所至多建學館，勤誨諸生，從之游者甚眾。”

秦漢以前，“獄”指“獄訟”，即官司、案件，不是指監獄，如前二例；漢代開始，“獄”指監獄、監牢，如例三。《禮記·月令》：“命有司，省囹圄，去桎梏，毋肆掠，止獄訟。”孔穎達疏：“崇精問曰：‘獄，周曰圜土，殷曰羑里，夏曰均台，囹圄何代之獄？’焦氏答曰：‘《月令》，秦書，則秦獄名也。漢曰若盧、魏曰司空是也。’”同是監牢，夏、商、周、秦，各有稱呼，但都不稱“獄”。在《月令》中，“囹圄”指監牢，“獄”

和"訟"連用，指案件，這是分得很清楚的。後三例均有一"館"字，但所指不同。上古時，"館"指客舍，如例四；漢以後，指宮殿，如例五；唐宋以後，指教學的地方，如例六。

詞義的演變，除了社會的外在原因之外，還由於語言內部發展規律的作用。王力先生認爲，詞義與整個人類文化史關係至爲密切，是文化史的一部分。這個見解十分深刻。因此，解釋詞義要有歷史觀念，要符合各個時代的語言實際。熟悉並掌握詞義本身的發展變化，並以此來進行詞義解釋，應該是訓詁學上一條重要的原則。具體說來，應該掌握詞義演變的具體規律，即詞義的變化系統及其斷代情況，包括詞義的內容、範圍和詞的結構形式兩部分。以今度古，容易發生誤解，也就不合語言事實。

《説苑·建本》："晉平公問於師曠曰：'吾年七十，欲學，恐已暮矣。'師曠曰：'何不炳燭乎？'"

有的注本說："炳燭，點燃蠟燭。"釋"燭"爲"蠟燭"，不合歷史事實。《説苑》雖西漢劉向所作，但晉平公、師曠是春秋時人。春秋時根本沒有什麼蠟燭。《禮記·曲禮上》："燭不見跋（本）也。"注云："古者未有蠟燭，唯呼火炬爲燭也。"可見，先秦時所謂"燭"相當於今之火把。

《韓詩外傳集釋》卷七第六章："孔子困於陳蔡之間，即三經之席，七日不食，藜羹不糝，弟子有飢色，讀《詩》《書》、習禮樂不休。"許維通按："（即），本或作'席'，與《説苑·雜言》篇合。日本關嘉氏《説苑纂注》云：'三經，詩、書、

禮也，席三經之席者，下所謂席讀詩書治禮之席也。’”關嘉氏
釋“席”爲“經席”，不符合詞義的時代性原則。春秋時期還沒
有“經”的名稱，也沒有“經師”的稱呼，怎麽會有“經席”？
孔子言“六藝”，言三百篇，言詩，言書，言易，未聞言“三
經”。就是漢代，也沒有“三經”的說法。“糝”爲碎米，“經”
爲麻絇。“三經之席”，指的不過是茵席之類：編席必有經，經
以麻絇爲之。三經，是說坐席狹窄簡陋而已（參看王邁《許著韓
詩外傳集釋補正舉例》，中國訓詁學研究會第一次年會論文）。

　　《荀子·富國》：“故君國長民者，欲趨時遂功，則和調累
解，速乎急疾。”有人以爲：“累，即勞累之累；解，即懈怠之
懈。”（陳治聞《讀書偶識》，《學術月刊》1962.1.）把“累”
解作“勞累”，在先秦文獻中幾乎沒有這種用例。按《說文》：
“纍，增也”，“解，判也”。“累解”就是一次又一次地分別
清楚。至於“和調”，是和其群、調其力的意思。（參看《學術
月刊》1962.4.周乾濼一文）

　　《詩經》的迭字（重言），歸納起來有三個作用：一是摹擬
事物的聲音，如“關關，喈喈，蕭蕭，許許，丁丁，沖沖，逢逢”
等；二是形容事物的性狀，如“搖搖，遲遲，營營，蹲蹲，赳赳，
兢兢，奔奔”等；三是描寫事物的情貌，如“旦旦，依依，振振，
楚楚，翹翹，霏霏，鑿鑿”等。一部《詩經》所用的迭字，幾乎
沒有一個越出這樣的範圍。（參看黃典誠《訓詁學概要》）而朱
熹《詩集傳》對於《周南·卷耳》的“采采卷耳”的“采采”，
卻釋爲“非一采”。“非一采”，即“采了又采”的意思。動詞
重迭，這是後代才有的語法現象，在《詩經》時代還沒有這種先

例。從詞義的時代性來看，"采采"不能認爲是"非一采"，它不是動詞，而應該看作是一個形容詞。《曹風·蜉蝣》的"采采衣服"，《周南·芣苢》的"采采芣苢"，《秦風·蒹葭》的"蒹葭采采"，與《周南·卷耳》的"采采卷耳"，詞例完全相同。"采采"可以用來形容"衣服"，可以用來形容"蒹葭"，可以用來形容"芣苢"，當然也可以用來形容"卷耳"。

解釋詞義要符合當時的社會典章制度，這是詞義時代性原則的一個內容。如《楚辭·離騷》："乘騏驥以馳騁兮，來吾道夫先路。"其中的"道"，有的說是引導："道，同導；先路，猶言前驅。此言……以導引楚君，使政治走上軌道。"（北大中文系《先秦文學史參考資料》512頁）在忠君的封建社會裡，"導引楚君"恐怕不是臣子對國君的態度和語氣。"道"可解釋爲動詞，即"遵循"的意思。"先路"指先王（下文之"三后"）治國的道路。"吾道夫先路"，即"我們遵循著先君聖王的治強之道路前進"。這樣解釋比較符合當時的歷史狀況。

缺乏歷史觀點，忽視詞義時代性的原則，往往會以後人的語文習慣去衡量古代的文獻記載，把本來沒有矛盾的詞義誤以爲有矛盾。如《楚辭·離騷》："舉賢而授能兮"，朱駿聲謂"授"爲"援"之誤，並舉《禮記·儒行》"其舉賢援能有如此者"爲證。其實，上古時"授"有"用"義，朱氏沒有看到比《禮記》更古的材料。如《莊子·庚桑楚》："且夫尊賢授能，善義與利，自堯舜以然。"《荀子·成相》："堯授能，舜遇時，尙賢推德天下治。"又《呂氏春秋·贊能》"舜得皋陶而堯受之"，高誘注："受，用也。受、授古一字。""授能"就是"用能"。朱氏認爲“授”字有誤，顯然是以今度古。

第三節　詞義的語境規定性

　　黃侃曾經說過：“小學家之訓詁貴圓，而經學家之訓詁貴專。”所謂“圓”，即圓通，指詞義的概括性；所謂“專”，即專一，指詞義的具體性。黃侃的意思是：訓詁專書的解釋，大多是詞的概括意義；而古代文獻的傳注，則大多是詞的具體意義。如《說文·支部》：“徹，通也。”段注：“按《詩》‘徹彼桑土’，傳曰‘裂也’。‘徹我牆屋’，曰‘毀也’。‘天命不徹’，曰‘道也’。‘徹我疆土’，曰‘治也’。各隨文解之，而‘通’字可以隱栝。”《說文》訓爲“通”，是“徹”字的概括義；《毛傳》訓爲“裂、毀、道、治”，是“徹”字的具體義。詞的概括義是從詞的大量具體義中抽象出來的意義，這種意義幾乎放在任何語言環境裡都講得通；而詞的具體義是詞在具體的語言環境裡所顯示的意義，合於此語境，不必合於彼語境。

　　語境是一個極爲寬泛的概念，大而言之指說話的社會背景、歷史背景，小而言之指上下文，其中包括詞語的搭配關係即語法關係。詞的語法關係，下面專門談到；社會背景、歷史背景大而無當，這裡也不涉及。因此，這裡所謂“語境”，僅指一般所說的上下文了。給古籍作注釋，是隨文釋義，需要解釋說明的一般是詞的具體義，因而具有較大的靈活性。訓詁工作要準確無誤，除了遵循詞義的社會性原則和詞義的時代性原則之外，還要注意詞義和語境（即上下文）的一致性，既不能背離詞的概括義，又不能生搬詞的概括義。房德里耶斯說得好："確定詞的價值的，是上下文。儘管詞可能在意義上有各種變態，但是上下文給予該詞獨一無二的價值。"（轉引自王力《訓詁學上的一些問題》）

　　前人注疏十分注意字詞和語境之間的關係。《詩·邶風·燕燕》："之子于歸，遠送于野。"《毛傳》："遠送，過禮，于，於也。"陳奐《疏》："'于'訓'於'者，釋'于野'之'于'，與'于歸'之'于'不同義。于歸，往歸。于野，於野也。《采蘩·傳》：'于，於'。於，猶在也。二傳訓同意。"陳奐的意思是說，《毛傳》不訓"于歸"之"于"，而訓"于野"之"于"爲"於"，是由於兩"于"字不同義，前者當"往"講，後者當"在"講。再看《召南·采蘩》："于以采蘩，于沼于沚。"《毛傳》："蘩，皤蒿也。于，於；沼，池；沚，渚也。"《箋》云："于以，猶言往以也。"《正義》曰："經有三'于'，《傳》訓爲'於'，不辨上下。《箋》明下二'于'爲'於'，上'于'爲'往'，故迭經以訓之。言'往'足矣，兼言'往以'者，嫌'于以'共訓爲'往'，故明之。"可見，《毛傳》《鄭箋》《孔疏》《陳疏》都根據上下文來確定詞義。這種結合語言環境而不生搬概括義的訓釋，既是傳統訓詁的經驗，也是今天訓詁的原則。

　　作爲古代書面語言單位的字（詞），有本義，有假借義，有近引申義，有遠引申義。一詞多義，是指詞在詞典中的價值說的；到了一定的上下文裡，因爲受語言環境的制約，一個詞就只有獨一無二的意義。王力先生說："我們只應該讓上下文來確定一個多義詞的詞義，不應該讓上下文來臨時'決定'詞義。前者叫

'因文定義'，後者則是望文生義。"（同上引）"因文定義"，其性質不同於望文生義，是此詞本有此義，比較有客觀標準。如《漢書·鄒陽傳》："今夫天下布衣窮居之士，身在貧羸，雖蒙堯舜之術，挾伊管之辯，懷龍逢比干之意，而素無根柢之容，雖竭精神，欲開忠於當世之君，則人主必襲按劍相眄之跡矣。"顏注："開，謂陳說也。"顏師古訓"開"爲"陳說"，是揣摩上下文意作出的。但這不是望文生義，因爲"開"字本有"通達"義，由此引申出具體的"陳說"義，是有客觀的訓詁根據的，因而是十分自然的。

又如《詩·小雅·楚茨》："我黍與與，我稷翼翼，我倉既盈，我庾維億。"《箋》云："'黍與與''稷翼翼'，'蕃廡貌，陰陽和，風雨時，則萬物成；萬物成，則倉庾充滿矣。倉言'盈'，庾言'億'，亦互辭，喻多也。"億，毛傳訓"萬萬曰億"，鄭箋訓"十萬曰億"，本無"滿"義。但在《楚茨》詩中，"與與"對"翼翼"，都是形容多；"倉"對"庾"，都指藏糧食的地方；"盈"對"億"，自然都是堆滿的意思。鄭箋訓"倉庾充滿"，正是根據上下對文而得出的。"億"本數目字，引申出多義，在上述語境中作"滿"講，是很自然的。從另一角度來說，《說文·心部》："意，滿也。"段注："《方言》曰：'臆，滿也。'《廣雅》曰：'臆，滿也。'漢蔣君碑：'余悲馮億。'皆'意'之假借字也。"

古代學者在研究字詞時，經常把它們放在具體的語言環境中來考察。王引之著《經傳釋詞》，在訓釋古代虛詞方面所遵循的原則，用他自己的話來說，便是"不以語詞爲實義，則依文作解，較然易明。何至輾轉遷就，而卒非立言之意乎？"（《經義述聞》卷三十二）合乎"立言之意"的"依文作解"，就是上面所說有客觀標準的"因文定義"。王氏注意到"古人甚重詞氣"，阮元說他能夠"貫通經訓，兼及詞氣"（《經傳釋詞》序），就是把每一個虛詞放在具體的語言環境中來解釋。俞樾《古書疑義舉例》的奧妙，無非也是能從具體的語境中來研究詞義，能注重古代的語言習慣，如上下文異字同義，上下文同字異義，錯綜成文，參互見義等等。如"以"的基本意義是"用"，但作爲介詞，其含義隨具體的語言環境而略有不同，大約是"用、由、因、借、據、憑、于"等，應根據上下文確定其具體含義。

　　注疏詞語，若是拘泥常訓，不顧上下文義，反而會背離原來意旨。如龔自珍《病梅館記》："又不可以使天下之民斫直，刪密，鋤正，以殀梅、病梅爲業以求錢也。"郭錫良等編《古代漢語》注爲："殀梅、病梅：使梅花早死、病殘。"（上冊，63頁）試想，"天下之民"有把"使梅花早死、病殘"當作職業的麼？即或有，還能用來"求錢"嗎？本文開頭說："或曰：梅以曲爲美，直則無姿；以欹爲美，正則無景。"因而要"使天下之民斫直，刪密，鋤正"。可見"殀""病"是對"直""正"而說的。"殀"即下文"夭其稚枝"之"夭"，應解作"曲"；"夭梅病梅"，意思是把梅花弄成奇形怪狀、弄成病態。這樣訓釋才符合原意。

　　有些字不止一個假借義，這就需要根據上下文來選定。《戰國策·齊策》："〔馮諼〕使人屬孟嘗君，願寄食門下。"《古代漢語》（修訂本）注："屬，囑托。後來寫作囑。"（第一冊

99頁，中華書局，1981）這個解釋無疑是對的。而蘇軾《喜雨亭記》："於是舉酒屬客而告之。"《古代漢語》（修訂本）仍注為："屬，後來寫作'囑'。屬客，指斟酒給客人喝。"（同上，第三冊1056頁）這個解釋前後不一致：釋"屬"為"囑"，是"囑托"義，怎麼會有"斟酒"的意思呢？注者很可能已發覺"舉酒屬客"之後有"告之"的話，再把"屬"解為"囑托"，便語相重複，因而不得不跳了過去。其實，"舉酒屬客"的"屬"，是借作"注"。朱駿聲《說文通訓定聲》引《儀禮·士昏禮》"酌玄酒三屬於尊"，"屬"即借作"注"。而"注"，才有"斟"義。

訓釋古文詞義，切忌不顧上下文而孤立地加以解釋；因為只有把它放在一定的語言環境中訓釋，才能顯示出它的真正含義來。《中國古代文學作品選》收有蘇軾的《石鐘山記》一文，於其中"涵澹澎湃而為此也"一句的"澎湃"注為："巨浪衝擊的聲音"（江蘇人民出版社，1979年，下冊52頁）。若是就詞解詞，這樣注釋確有其訓詁之根據。《文選·上林賦》："沸乎暴怒，洶湧澎湃"，李善之後的張銑即注"澎湃"為"水聲也"。新《辭海》亦注"澎湃"為"波濤衝擊聲"。但是，把"澎湃"一詞的這種注釋，安在上引《石鐘山記》一句之中並不切合。統觀上下文句："余方心動欲還，而大聲發於水上，噌吰如鐘鼓不絕。舟人大恐。徐而察之，則山下皆石穴罅，不知其淺深，微波入焉，涵澹澎湃而為此也。"這裡"為此"的"此"是指"發於水上，噌吰如鐘鼓不絕"之"大聲"，這"大聲"是由水波（在石穴罅中）搖蕩衝擊而形成的。如果說成"巨浪衝擊之聲"形成了"噌吰"之聲，那當然是不符合邏輯的。注"澎湃"爲"水勢",而非"水聲",不僅有顧野王的《玉篇》爲據,《史記·司馬相如傳》索隱引晉司馬彪之注亦爲"波相挨也"。

總之,要避免訓釋上的某些失誤,詞義和語境的關係是不能不考慮的。

第四節　詞義的句法制約性

傳統訓詁有所謂"章句"之學,就是串講句、段、篇之大意,而且釋詞有時也包含在章句之中。章句之學有其煩瑣的弊病,但是,注重詞義的注釋和章句的串講二者之間的貫通,卻是傳統訓詁的一個不容忽視的長處。《孟子·盡心篇》有"若崩厥角稽首"一句,由於歷來就詞解詞,不涉句法,皆弄不明白。俞樾根據《漢書·諸侯王表》"厥角稽首"一句之應劭注:"厥者,頓也;角者,額角也;稽首,首至地也。"認爲"若崩"二字乃形容"厥角稽首"之狀,蓋紂衆聞武王之言,一時頓首至地,若山冢之崩也。此句當云"厥角稽首若崩",孟子原句是倒裝句法。又如《詩·邶風·谷風》:"不念昔者,伊予來墍。"《毛傳》:"墍,息也。"《箋》云:"君子忘舊,不念往昔年稚我始來之時安息我。"王引之認爲:"如《傳》《箋》說,則'伊予來'三字與'墍'字義不相屬。今案:伊,惟也;來,猶是也。皆語詞也。墍,讀爲愾;愾,怒也。此承上'有洸有潰'言之,言君子不念昔日之情而惟我是怒也。"(《經義述聞》卷五)他還列舉《桑柔》之"反予來赫",《四牡》之"將母來諗",《采芑》

之"荊蠻來威"，《江漢》之"淮夷來求""淮夷來鋪""王國來極"等，指出"句法正相近"；"解者皆以'來'爲'往來'之'來'，遂詁**翰**爲病矣。"由於王氏重視句法，注意從句子裡詞與詞的關係中去解釋詞義，結果本來很費解的句子一下子便明白如話了。

由此可見，按照這種釋詞兼顧析句、析句以證釋詞的訓詁原則去解釋詞義，就能有效地掃清古書注疏中的迷霧。這個原則很值得我們重視。如果從訓詁、文字、音韻"鼎足三立"的觀點出發，把訓詁僅僅理解爲"以今語釋古語，以雅言證方言"的單純解釋詞義的工作，那麼古書的注釋勢必會出現偏頗以至於謬誤。

一個詞，尤其是古詞，有著多種意義和多種用法；但在一個具體的句子裡，只有一個確切的意義和用法。我們在確定這個詞的詞匯意義或語法作用時，除了憑借工具書和前人的研究成果，找出其訓詁的根據以外，還必須依靠句法結構的分析去裁定。《新序·葉公好龍》有這麼一句："葉公子高好龍，鉤以寫龍，鑿以寫龍，屋室雕文以寫龍。"對其中"鉤""鑿"二詞的注釋，歷來就有分歧。有些選注本把"鉤"解釋爲"鉤形的刀具"，把"鑿"解釋爲"木工用具"（《中國古代文學作品選》上冊118頁），於是，介詞"以"自然被解作"用"。但是，"鉤以寫龍，鑿以寫龍"固然可以理解爲"用鉤寫龍，用鑿寫龍"；而"屋室雕文以寫龍"怎麼可以理解爲"用屋室雕文寫龍"呢？顯然不合情理。這是注者未能兼顧全句結構的分析的結果。爲了避免這個矛盾，有些選注本只好把後一個"以"字解作"在"。然而上引三個分句格式完全相同，爲什麼三個"以"字卻要作兩種不同的解釋呢？這是說不過去的。其實，"鉤"指"衣帶鉤"，是古人的裝飾物；"鑿"是"爵"之借字，是古時的盛酒器；三個"以"皆通"於"，當"在"字講。"於鉤寫龍，於鑿寫龍，於屋室雕文寫龍"，飾物、器具、住房都描畫上龍，正是所謂"葉公子高好龍"的具體的描述。

有些詞甚至虛實難定，但結合析句就能判明。譬如《墨子·公輸》的"夫子何命焉為？"一句，《先秦文學史參考資料》注云："猶言'有何見教'。'為'，表示疑問句的語尾助詞。"（中華書局，1962年，374頁）《中國古代文學作品選》注云："命我做什麼呢？焉為，是語氣助詞連用，重點在'為'字上，表疑問。"（同前，37頁）全國統編教材《初中語文課本》則注為："（有）什麼見教呢？何……焉為，疑問語氣的一種格式，'焉'和'為'合用，表示疑問語氣。"（第六冊156頁，人民教育出版社，1978）把這句的"為"字說成"助詞"或"語氣詞"，是否符合當時的語言實際呢？在先秦時代，已經用了疑問代詞的特指問句，極少再用疑問語氣詞的，何況語氣詞的"連用"或"合用"呢？句中的"為"字並非語氣助詞。《孟子·滕文公上》："人之有道也，飽食暖衣……近於禽獸。"據王引之考證，"有猶為也"。在同一篇的另一處，即作"民之為道也，有恒產者有恒心……"。"為""有"上古同屬"喻"母，係一聲之轉，可以通用。"何命焉為"即"何命焉有"，"為"字顯然是個動詞。至於句中的"焉"字，則是用來復指提前賓語的。試比較下列兩句：

我周之東遷，晉鄭焉依。（《左傳·隱公六年》）

宋何罪之有？（《墨子·公輸》）

"晉鄭焉依"即"依晉鄭"，"何罪之有"即"有何罪"，這是無人懷疑的。"何命焉爲"同"晉鄭焉依""何罪之有"屬於同樣的格式，理應作同樣的分析。那麼，"何命焉爲"就是"有何命"，即"有什麼指教""有什麼吩咐"的意思。

斷定實詞的意義要結合析句，判明虛詞的作用也是如此。柳宗元《捕蛇者說》一文的開頭兩句是："永州之野產異蛇，黑質而白章。觸草木，盡死；以齧人，無御之者。"對於其中的"以"字，有如下幾種注釋：

(1)以齧人：以，拿，用。（《中國古代文學作品選》上冊，江蘇人民出版社， 1979年）

(2)以齧人：以（這種蛇）咬人。（《古代散文選》中冊，人民教育出版社， 1963年）

(3)以齧人：（如果）已經咬了人。（吉林師大《古代漢語》教材，1972年）

(4)以齧人，無御之者：如果人被它咬傷就無藥可救。以：如果。（《柳宗元詩文選注》，遼寧人民出版社，1975年）

(1)、(2)兩注是把"以"字看作介詞，認爲"以"字後省略了介詞賓語。注(3)是把"以"字視爲表示時間的副詞，譯作現代漢語的"已經"。注(4)是把"以"訓爲"如果"，認定是假設連詞。單就"以齧人，無御之者"這一句來看，以上三種解釋都說得過去，而且不無根據。然而，細加研究，又不能不使人產生疑問。

　　試看"觸草木，盡死"這個分句，顯然是承上句而來，其主語承前省略；如果補足，應爲："〔異蛇〕觸草木，〔草木〕盡死。"同樣，與此結構基本相同的下一分句，如果補足其省略成分，亦應爲："〔異蛇〕嚙人，〔人〕無御之者。"如若把"以"字視作介詞，"以〔異蛇〕"是介賓詞組置於動詞"嚙"之前作狀語，那末，這個分句的主語是什麼呢？難道可以理解爲"〔異蛇〕以〔異蛇〕嚙人"嗎？

　　"以""已"古通用，就詞訓詞，"以"字可以訓作"已"。但是，"觸草木，盡死"和"嚙人，無御之者"既是兩個結構基本相同的並列分句，前者不用時間副詞，後者卻用"以"來表示"已"，讀來很不協調。再細細領會文意，作者在後一分句亦無強調時間用意。

　　至於將"以"訓爲"如果"，似乎比前兩種解釋較爲順當。但是，若是把開頭兩句加以通盤考慮，仔細斟酌，就可以知道，前句是寫怪蛇的狀貌，後句是寫怪蛇的劇毒。後一分句同前一分句一樣，意在描寫，而不在推理。既是寫實，何假設之有？

　　那末，此"以"字應作何解釋呢？根據上下文意，根據"以"字前後兩個分句的結構基本相同，我們可以斷定，"以"字是順接連詞，用同"而"字，表示前後兩項是並列關係。

　　有的詞語一進入具體的句子，便有一種引申、轉化的用法，更需要借助句法結構的分析來辨明。賈誼《過秦論》中有"良將勁弩，而守要害之處；信臣精卒，陳利兵而誰何"兩句，對於其中的"誰何"，歷來衆說紛紜，就是由於沒有考慮句子結構的緣故。

　　《古文觀止》卷六在此兩句的下面注云："何，問也。誰何，言誰敢問。極形容秦始皇之強盛，比從前更自不同。"（文學古籍刊行社，236頁）

　　《高中語文課本》對該文"誰何"的解釋是："誰何——誰敢奈何。就是沒有人敢惹他的意思。"（1960年，第五冊，79頁）

　　在《中華活葉文選·過秦論》中，張世祿先生注爲："誰何，呵問是誰。"（第二集308頁）此後，張先生又曾明確說過："誰何"的"何"即"呵"的假借字，"誰"是其賓語而置其前。

　　《古代散文選·過秦論》對"誰何"另有一種解釋："誰何——問他是誰。這是嚴行緝查盤問的意思。"（人民教育出版社，1962，上冊162頁）

　　前兩種解釋是只詳訓詁而未明句法，因而不僅與上下文不相連貫，而且在該句也扞格不通。因爲本篇的中心論點即在於篇末的"仁義不施，攻守之勢異也"一句。"陳利兵而誰何"一句所屬的那一段，先是寫始皇以武力統一天下，"威振四海"，接著是歷數秦王朝統治者施暴政於人民的事實，然後寫始皇如何憑險堅守，自以爲"金城千里"。把"誰何"解爲"誰敢問"，釋作"誰敢奈何"，都是孤立地就字解字，和上下文的關係有些游離。再就"誰何"一句來看，無疑地"信臣精卒"是其主語，"陳利兵而誰何"是其謂語。上引前兩種解說，實際上都暗中換了主語，把"誰何"當成了另一個句子，自然使人讀來感到不順暢。

　　張世祿先生的注釋有些偏於聲韻，把"誰何"當作動賓關係來處理。這似乎近於臆測，而與古代漢語的事實不相符合（"誰何"又作"孰何"；而"孰"字作爲古代漢語的疑問代詞，是不作動詞的賓語的）。至於《古代散文選》的注釋，雖然與此相近，但其後半解說卻比較符合上下文的意思。

　　清人段玉裁《說文解字注》於言部 "誰，誰何也" 之下注云："三字爲句，各本少誰字，誤刪之也，敦字下云'一曰誰何也'可證。李善引有'謂責問之也'五字，蓋注家語。《六韜》'令我壘上，誰何不絕'，賈誼書'陳利兵而誰何'，《史記·衛綰傳》'歲餘，不誰何綰'，《漢書》作'不孰何'，韋注《國語》'彊弩注矢以誰何'……。" 無論從段氏的 "三字爲句" 等語來看，還是從他列舉的一些例句來看，"誰何" 在古籍中是經常連在一起使用的，應該看做一個凝固形式，是 "責問" 的意思。近人楊樹達先生在其《高等國文法》一書中談到 "代名詞作動詞用" 時，把 "誰何"（"孰何"）明確地看作動詞（商務印書館，1920版，116頁），這就突破了訓詁和聲韻的局限，而從句法上進行了分析。

　　根據語言材料和句法分析，上引《過秦論》兩句中的 "誰何" 當看作一個動詞，解爲 "責問" "盤問"。這在本句文從字順，與上下文亦相連貫。因爲上句是說 "良將勁弩，而守要害之處"，下句才接著說 "信臣精卒，陳利兵而誰何"。"信臣精卒" 和 "良將勁弩" 互相對待；"陳利兵而誰何" 與 "而守要害之處" 彼此銜接；前句說的嚴兵把守，後句說的緝查盤問，語意貫通，讀來順暢。由此可見，只有結合句法分析，故訓、聲韻才起應有的作用。

　　總之，我們在注解、疏通古書時，應該注意吸取傳統的 "章句" 之學的長處，把釋詞和析句有機地結合起來，就是說，把具

體的詞放在相互制約、相互依存的語句中去比較分析，辨別該詞
在語句中所處的位置及其與別的詞語之間的關係。這樣，才能作
出正確的判斷，使其文通字順。

附錄：訓詁學參考文獻選目

一、通論類

何仲英　訓詁學引論，1934

黃　侃　訓詁述略，1935

胡樸安　中國訓詁學史，1939

王　力　新訓詁學，1947

陸宗達　訓詁淺談，1964

黃典誠　訓詁學概論（油印本），1979

林　尹　訓詁學概要（油印本）

陸宗達　訓詁簡論，1980

周大璞　訓詁學要略，1980

黃　焯　文字聲韻訓詁筆記，1983

吳孟復　訓詁通論，1983

齊佩瑢　訓詁學概要，1984

洪　誠　訓詁學，1984

陸宗達、王寧　訓詁方法論，1983

張永言　訓詁學，1985

郭在貽　訓詁學，1986

許威漢　訓詁學導論，1987

趙振鐸　訓詁學綱要，1987

　　趙振鐸　訓詁學史略，1988

　　程俊英、梁永昌　應用訓詁學，1989

二、專論類

⑴　關於通假

王引之　《經義述聞·通說下·經文假借》

錢大昕　《古同音假借說》（潛研堂文集，卷一）

朱駿聲　《說文通訓定聲·自序》

馬瑞辰　《毛詩古文多假借考》（毛詩傳箋通釋，卷一）

⑵　關於連語（聯綿詞）

王念孫　《讀書雜志·漢書第十六·連語》

王引之　《經義述聞·通說上》

劉師培　《古書疑義舉例補·兩字並列係雙聲迭韻之字而後

　　　　　人分析解之之例》

沈兼士　《聯綿詞音變略例》（見《段硯齋雜文》）

⑶　關於複詞

王引之　《經義述聞·通說下》'經傳平列二字上下同義'條

俞　樾　《古書疑義舉例·卷四》"語詞複用例"

俞　樾　《古書疑義舉例·卷七》"兩字一義而誤解例"

劉師培　《文例釋要》（左盦外集，卷一三）

文盼遂　《中國文法複詞偏義例》（見《文字音韻學論叢》

⑷　關於反訓

章炳麟　《小學答問》

劉師培　《古書疑義舉例補》"二義相反而一字之中兼具其
　　　　義之例"

董　璠　《反訓纂例》（燕京學報，二二期，1937）

徐世榮　《反訓探源》（中國語文，1980,四期）

(5)　**關於校勘條例**

王念孫　《讀書雜志》卷一五《淮南內篇第二二》

周祖謨　《古籍校勘述例》（中國語文，1980，二期）

程千帆　《校勘略說》（社會科學戰線，1981，一期）

蔣禮鴻　《校勘略說》（安徽師大學報，1979，四期）

(6)　**關於古書辭例**

俞　樾　《古書疑義舉例》（共八八例）

劉師培　《古書疑義舉例補》（共一一例）

楊樹達　《古書疑義舉例續補》（共二八例）

黃　侃　《文心雕龍札記・章句》"約論古書文句異例"

陳望道　《修辭學發凡》

鄭奠等編　《古漢語語法學資料匯編・句論・文句中幾種特
　　　　　殊的表達格式》

(7)　**關於俗語詞的研究**

王應麟　《國學紀聞》"俗語有所本者"條

王觀國　《學林》卷四"方俗聲語"

陸　游　《老學庵筆記》

方以智　《通雅・諺原》

錢大昕　《恒言錄》

張　相　《詩詞曲語辭匯釋》

蔣禮鴻　《敦煌變文字義通釋》

陸澹安　《小說詞語匯釋》

徐仁甫　《廣釋詞》

徐　復　《敦煌變文詞語研究》（中國語文，**1961**，八期）

徐震鍔　《＜世說新語＞詞語簡釋》（中華文史論叢，**1979**，四輯）

後　記

　　一九七八年末，我接受了訓詁學選修課的教學任務。雖然從事古代漢語教學多年，但自知學識淺薄，對此一直持愼重態度。在閱讀了大量有關訓詁的專著和資料之後，我決定分兩步走，先開專題講座，積累材料和經驗，再比較系統地講授訓詁學課程。

　　一九八一年下半年至一九八二年上半年，我先後兩次給我系高年級部分本科生開設了訓詁專題講座。兩次教學的反映，增強了我的信心。前年六月上旬，我擬了一份《訓詁學教學大綱》，出席了“全國高校訓詁學課討論會”，深受鼓舞。返校後，立即按自擬的《大綱》著手整理講稿，決心下一步系統開設訓詁學課。暑假以後，一邊編寫講義，一邊進行教學。課程講授完了，一本比較系統的講義也出來了。這本《簡明訓詁學》就是在那本講義的基礎上再三補充、修改而成的。

　　《簡明訓詁學》能夠較快地編寫出來，這是同全國訓詁學研究會的成立分不開的。一九八一年夏初和一九八二年秋末，作爲研究會的會員，我有幸兩次參加研究會學術討論會，聆聽了一些老前輩的專題報告，又和一些同輩切磋學問，得益良深。在這個意義上，我把這本書看作是植根於訓詁學研究會的土壤而結成的一個小小的果子。

　　《簡明訓詁學》能夠奉獻給讀者，應該感謝南京師範大學中文系教授、全國訓詁學研究會副會長徐復先生。徐復先生多次給以熱情的關心和指教，在百忙中審閱了全書並欣然作了序。編輯同志仔細地通讀書稿，提出了不少中肯的意見。對於這些幫助和支持，作者、還有讀者，是不會忘懷的。

　　在編寫過程中，主要參考了以下有關著作，錄此以表示由衷的謝意：

　　陸宗達　《訓詁簡論》（1980）

　　周大璞　《訓詁學要略》（1980）

　　洪　誠　《訓詁學》（南京大學油印本，1979）

　　黃典誠　《訓詁學概論》（廈門大學油印本，1979）

　　王　力　《中國語言學史》（1963）

　　王　力　《訓詁學上的一些問題》（1962）

　　吳孟復　《訓詁通論》（1983）

　　林　尹　《訓詁學概要》（油印本）

　　最後，懇切希望得到有關專家和廣大讀者的批評指正。

作　者

一九八四年四月於合肥

增訂後記

　　一九八四年冬，拙著《簡明訓詁學》面世。這給三屆漢語史專業研究生的訓詁學教學提供了方便。

　　去年末，系裡聘我爲古代文學專業研究生講授訓詁學。鑒於原著內容側重於漢語史專業，便臨時決定，進行較大的改動：調整了部分章節，將原書第四章更名爲“訓詁的體式”，增寫了“訓詁源流述略”、“隨文釋義的傳注”（即注釋書評介）、“考釋詞語的方法”和“訓詁的運用”等四章，並且補充了不少文學古籍方面的材料，是爲此書之增訂本。

　　由於時間倉促，不及周密思考。趨於完善，尚有待方家教正。

著　　者

一九九〇年二月二十日

國立中央圖書館出版品預行編目資料

簡明訓詁學/白兆麟著，--增訂版--臺北市：
　臺灣學生，民85；
　　　面；公分
　參考書目：面
　ISBN 957-15-0728-8(精裝)
　ISBN 957-15-0729-6(平裝)

　1.訓詁

802.1　　　　　　　　　　　　85001195

簡明訓詁學（增訂本）　（全一冊）

著　作　者：白　　　　兆　　　　麟
出　版　者：臺　灣　學　生　書　局
發　行　人：丁　　　　文　　　　治
發　行　所：臺　灣　學　生　書　局
　　　　　　臺北市和平東路一段一九八號
　　　　　　郵政劃撥帳號○○○二四六六八號
　　　　　　電話：三六三四一五六
　　　　　　傳真：三六三六三三四
本書局登
記證字號：行政院新聞局版台業字第一一○○號
印刷所：常新印刷有限公司
　　　　地址：板橋市翠華街8巷13號
　　　　電話：九五二四二一九

定價　精裝新臺幣三二○元
　　　平裝新臺幣二六○元

中華民國八十五年三月增訂版

80273　　版權所有·翻印必究
　　ISBN 957-15-0728-8（精裝）
　　ISBN 957-15-0729-6（平裝）

臺灣學生書局出版
中國語文叢刊